जोगिया-रंग की बहार

जोगिया-रंग की बहार

शाह तुराब अली क़लन्दर

सम्पादक

सुमन मिश्र

rekhta publications

राजकमल प्रकाशन

rekhta publications

राजकमल प्रकाशन

रेख़्ता पब्लिकेशंस

बी–37, सेक्टर – 1, नोएडा

उत्तर प्रदेश – 201301

contact@rekhta.org I www.rekhtabooks.com

www.rajkamalprakashan.com

प्रथम संस्करण : 2023

ISBN : 978–93–94494–99–2

जोगिया रंग की बहार

शाह तुराब अली क़लंदर

सम्पादक : सुमन मिश्र

आवरण रेखा चित्र - कपिल भारद्वाज

टाइपिंग एवं सेटिंग - मोहम्मद अमजद

मुद्रक : थॉमसन प्रेस (इंडिया) लिमिटेड

मूल्य : ₹ 299

हिन्दुस्तान की सूफ़ी-भक्ति परम्परा के नाम

प्रस्तावना

सूफ़ी-संतों के योगदान को अगर एक वाक्य में लिखना हो तो हम कह सकते हैं कि सूफ़ी और भक्ति संतों ने हिंदुस्तान की गंगा-जमुनी तहज़ीब को नाम दिए हैं। ये नाम गंगा-जमुनी तहज़ीब को जोड़ कर रखने वाली कड़ियाँ हैं। सूफ़ी-संतों ने हिंदुस्तान में गंगा-जमुनी तहज़ीब की आधार-शिला रखी और धीरे-धीरे हिंदुस्तान में साझा संस्कृति की वह विशाल इमारत खड़ी हो गई जो आज दुनिया के लिए मिसाल है। अठारहवी सदी के सूफ़ियों और संतों ने एक और प्रयोग किया जिस ने इस संस्कृति की जड़ों को और मज़बूत बना दिया। इन सूफ़ी-संतों ने मिसालें नहीं गढ़ीं बल्कि अपने आचरण और काव्य से वे स्वयं ही मिसाल बन गए। अठारहवीं सदी आते-आते भक्ति संतों और सूफ़ियों ने अपने उपमान आपस में बदल लिए। भक्ति संतों के काव्य में जहाँ ख़ुदा, महबूब और इश्क़ जैसे शब्दों की भरमार आ गई वहीं सूफ़ी संतों ने कृष्ण, राम, प्रियतम, होली जैसे विशुद्ध हिन्दुस्तानी प्रतिमानों पर जम कर शायरी की। गंगा-जमुनी संस्कृति के पैरहन में सूफ़ी-संतों ने न सिर्फ़ सादगी का ख़याल रखा बल्कि इस में अपने काव्य के जड़ी-गोटे भी लगाए।

अवध का क्षेत्र भी इस आन्दोलन से अछूता नहीं रहा। मलिक मुहम्मद जायसी, हज़रत शाह ख़ादिम सफी, हज़रत शाह काज़िम क़लन्दर और शाह तुराब अली क़लन्दर जैसे सूफ़ियों के कलाम हमें द्वैत और अद्वैत से पार ऐसी दुनिया में पहुंचा देते हैं जहाँ दुई के सारे भेद समाप्त हो जाते हैं।

हज़रत शाह तुराब अली क़लन्दर का जन्म सन् 1767 ई. में लखनऊ के क़रीब काकोरी में हुआ। शाह तुराब अली क़लन्दर के वालिद हज़रत शाह काज़िम क़लन्दर एक महान सूफ़ी बुज़ुर्ग हुए हैं।

भगवान श्रीकृष्ण पर उन्होंने कई ठुमरियाँ लिखी हैं जो शांत रस के नाम से प्रकशित हैं। शाह काज़िम क़लन्दर के मुर्शिद हज़रत शाह बासित अली क़लन्दर इलाहाबादी थे। शाह काज़िम कई वर्षों तक इलाहबाद में रहे। बाद में अपने मुर्शिद के आदेश पर काकोरी में ख़ानक़ाह तामीर की। काकोरी की इस ख़ानक़ाह का सिलसिला हज़रत क़ुतुबुद्दीन बीना दिल क़लन्दर, हज़रत नज्मुद्दीन क़लन्दर से होता हुआ हज़रत नूरुद्दीन मुबारक ग़ज़नवी तक पहुँचता है जो हज़रत शैख़ शहाबुद्दीन उमर सुहरावर्दी के खलीफ़ा थे।

हज़रत शाह काज़िम क़लन्दर ने ब्रज भाषा में दोहे, ठुमरियाँ, छंद तथा भजन आदि लिखे हैं। उनके कलाम में वहदत-उल-वुजूद उस सादे धागे की तरह प्रतीत होता है जिस धागे से बांध कर शाह काज़िम रंग-बिरंगी ठुमरियों की पतंगें उड़ाते हैं।

शाह तुराब का जन्म ऐसे महान सूफ़ी के घर हुआ था जिनकी ख़ानक़ाह में प्रेम और भक्ति का झरना अनवरत बह रहा था। हज़रत काज़िम क़लन्दर ने शाह तुराब को फ़क़ीरी में मस्त रहना सिखाया। उनका यह शे'र इस की तस्दीक करता है -

तू सब से अपने आप को नाक़िस तुराब समझे जा
यही तो देखते हैं हम बड़ा कमाल तेरा

हज़रत तुराब अली क़लन्दर की प्रारंभिक शिक्षा मुल्ला क़ुदरतुल्लाह बिलग्रामी और मौलाना मुईनुद्दीन बंगाली की देख-रेख में हुई। उन्होंने मौलाना हमीदुद्दीन मुहद्दिस-ए-काकोरवी से हदीस का ज्ञान प्राप्त किया। मौलाना नज्मुद्दीन खाँ ने उन्हें अरूज की शिक्षा दी और मौलाना फ़ज़लुल्लाह ने उन्हें न्यायशास्त्र पढ़ाया।

हज़रत शाह काज़िम क़लन्दर क़स्बा से फ़ासले पर क़ब्रिस्तान में एक छोटे से हुजरे में रहते थे। बारह वर्ष की उम्र से ही शाह तुराब की तौहीद-ए-वुजूदी की शिक्षा प्रारंभ हो गई। शाह तुराब को अपने

वालिद के मुरीदों की ख़िदमत करने का आदेश हुआ । दालान पर झाड़ू लगाने का काम भी शाह तुराब के जिम्मे था। पंद्रह साल की उम्र तक शाह तुराब अपने पिता से तर्बियत पाते रहे। सत्रह वर्ष की उम्र में शाह तुराब का ब्याह मुज़फ़्फ़रुद्दौला अबुल बरकात खां की नवासी और मुहम्मद उयूज़ चकलादार शाही की बेटी से हुआ।

हज़रत शाह तुराब, मिर्ज़ा मज़हर जान-ए-जाना, ख़्वाजा मीर दर्द और ख़्वाजा रुक्नुद्दीन इश्क़ के समकालीन थे। यह वो समय था जब मीर-तक़ी मीर और मुसहफ़ी जैसे शायर दिल्ली छोड़ कर लखनऊ आ चुके थे।

शाह तुराब को बचपन से शायरी का शौक़ था। उन्होंने पहले शहीद तख़ल्लुस किया और बाद में तुराब। उनके उर्दू कुल्लियात में शहीद तख़ल्लुस कहीं नहीं मिलता।

शाह तुराब की पहली मसनवी अस्ल-उल-मारिफ़ है। यह मसनवी निहायत आसान ज़बान में लिखी गई है। उनकी उर्दू शायरी को तीन हिस्सों में बांटा जा सकता है। पहले हिस्से में वो ग़ज़लें हैं जिन का विषय इश्क़-ए-मजाज़ी है, दूसरे हिस्से में वो ग़ज़लें हैं जिन में इश्क़-ए-मजाज़ी और इश्क़ ए हक़ीक़ी का समावेश है जबकि तीसरे हिस्से में वो ग़ज़लें हैं जिनका विषय तसव्वुफ़ है।

शाह तुराब की शुरूआती ग़ज़लों के कुछ शेर देखिए -

रहता है गम-ए-दिल से मुझे जान का खटका
है अश्क़-ए-रवाँ से मुझे तूफ़ान का खटका

ग़ैर के पास यार बैठ गया
दिल में मेरे गुबार बैठ गया

हज़रत शाह तुराब की शायरी में आगे चलकर तसव्वुफ़ मुख्य विषय बन गया -

निशाँ इस का किसी से कब बयाँ हो
वही पावे निशाँ जो बे-निशाँ हो

मुनज़्ज़ह वो तो हे कौन-ओ-मकाँ से
मकाँ उस को कहाँ जो ला-मकाँ हो

कोई जागह नहीं पर उस से ख़ाली
ज़मीं हो 'अर्श हो या आसमाँ हो

सिवा उस के नहीं कोई जहाँ में
तलाश उस की करो यारो जहाँ हो

'तुराब' उस्ताद से मालूम कर लो
तरीक़-ए-मा'रिफ़त गर क़द्र-दाँ हो

हज़रत शाह तुराब अली क़लन्दर फ़ारसी में भी सिद्धहस्त थे। उनका एक फ़ारसी दीवान भी मिलता है जिस की शा'इरी फ़ारसी काव्य-परंपरा की दृष्टि से उत्कृष्ट है-

ऐ बे-ख़बर चे पुर्सी अज़ मज़्हब-ए-क़लंदर
बर-हक़ बुवद अनल-हक़ दर मश्रब-ए-क़लंदर

(ऐ बे-ख़बर! तू क़लंदर के मज़्हब के बारे में क्या पूछ रहा है
क़लंदरों के मश्रब में अनल-हक़ (मैं ख़ुदा हूँ) ही सब कुछ होता है)

अह्ल-ए-हक़ीक़तस्त ऊ क़ाएल ब-वह्दतस्त ऊ
हर्फ़-ए-दुई न-शुनवद कस अज़ लब-ए-क़लंदर

(वो परम सत्य और एकत्व का क़ाइल है
क़लंदर की ज़बान से कोई द्वैत के शब्द नहीं सुन सकता)

हज़रत शाह तुराब अली क़लन्दर ने सन् 1858 ई. में 94 वर्ष की

उम्र में जगती के इस पालने को अलविदा कहा और काकोरी में अपने बुज़ुर्गों की ख़ानक़ाह में सुपुर्द-ए-खाक़ हुए।

उनकी प्रमुख किताबें हैं -

1. रिसाला मजमा-उल-फ़वाइद
2. रिसाला फ़त्ह-उल-उनूज़
3. अस्नाद-उल-मशीख़त
4. मुजाहिदात-ए-औलिया
5. कश्फ़-उल-मुतवारी
6. मतालिब-ए-रशीदी
7. और अमृत रस

मुंशी नवल किशोर प्रेस ने उनका दीवान सन्1876 ई. में प्रकाशित किया।

शाह तुराब अली क़लन्दर के उर्दू दीवान से फ़ाल भी निकाला जाता है।उनके शेर का एक मिसरा निकाह फिल्म के प्रसिद्ध गीत में आता है। शे'र यूँ है -

शहर में अपने ये लैला ने मुनादी कर दी
कोई पत्थर से न मारे मिरे दीवाने को

हज़रत शाह तुराब अली क़लन्दर अपनी ठुमरियों के लिए विशेष तौर पर याद किए जाते हैं। इनकी ठुमरियों का संग्रह अमृत रस के नाम से प्रकाशित हो चुका है।

सूफ़ी दर्शन का सम्बन्ध जीवन के अनुभवों से प्राप्त मूलभूत सिद्धांतों से है। इंसान को अपने संकुचित परिवेश से बाहिर निकाल कर विराट प्रकृति के समक्ष उपस्थित करना, परम सौन्दर्य की ओर उन्मुख करना और अपने अस्तित्व के बाहर और भीतर उस अविनाशी प्रियतम की आनंदानुभूति करना ही सूफ़ी साधना का मूल है।

ज़र्रे-ज़र्रे में उस परम चेतना का निवास होने की वजह से सूफ़ी इसी प्रकृति के नाट्य में परम सत्ता के रूपों का दर्शन करते हैं। वह संसार की हर शै में इसी ईश्वरीय चेतन सत्ता का मनोहारी संगीत सुनते हैं।

सूफ़ी संतों के काव्य में कहीं बनावटीपन नहीं मिलता। सूफ़ियों का ज्ञान अनुभवजनित होता है। इस अनुभवजनित ज्ञान को स्वर देने के लिए ही सूफ़ी कविता का प्रयोग करते थे। इनकी कविता को अनुभव के उसी तल पर जाकर समझा जा सकता है। दादू दयाल जी ने लिखा है - "केते पारिख पचि मुए, कीमत कही न जाय"

सूफ़ियों ने अपने अनुभव को जन्म के अंधे का स्वप्न, या गूंगे के गुड़ खाने से व्यक्त किया है। गूंगा व्यक्ति जिस प्रकार स्वाद की अनुभूति में असमर्थ हो कर केवल संकेतों के माध्यम से अपनी बात कहता है, उसी प्रकार इस भक्ति रस का पान करने वाले सूफ़ी साधक भी भाषा के सामान्य प्रयोग से ऊपर उठ कर प्रतीकात्मक भाषा में अपनी बात कहते हैं। जब आशिक़ और माशूक़ में कोई अंतर शेष नहीं रहता तब एकात्म भाव की परिणति होती है।

भारतीय जीवनशैली, संस्कृति एवं साहित्य को भगवान श्री कृष्ण ने अनेक रूपों में प्रभावित किया है। कृष्ण को केंद्र में रखकर जितने साहित्य की रचना हुई है उतनी किसी अन्य व्यक्तित्व को लेकर नहीं हुई।कृष्ण का व्यक्तित्व निरंतर विकास शील रहा है।कृष्ण का उल्लेख सर्वप्रथम ऋग्वेद में आया है जहाँ उन्हें ऋषि कहा गया है। सूफ़ी कवियों में मालिक मुहम्मद जायसी ने कृष्ण पर केन्द्रित अपनी किताब कन्हावत लिखी है। सूफ़ी स्वाभाव के अनुकूल ही उन्होंने आचार,विश्वास आदि के नाम पर हिन्दू या मुसलमान किसी की खिल्ली नहीं उड़ाई और न ही दोनों धर्मों के खंडन कर उन्हें चिढ़ाया। जायसी का मार्ग प्रेम का मार्ग था। प्रेम की इस अमृत धारा में हिन्दू-

मुस्लिम वैमनस्य का मैल धुल गया। जायसी ने सूफ़ियों की नीति का परिचय कन्हावत में बड़े सुन्दर ढंग से दिया है -

जोगी केर जोग भल, भोगी कर भल भोग

कन्हावत महाकाव्य की कथा का मूलाधार श्रीमदभागवत है। उस समय ब्रज में वल्लभाचार्य का बड़ा प्रभाव था और उनकी यात्राएं ब्रजमंडल में होती रहती थी। जायसी ने सूफ़ी दर्शन को इस महाकाव्य में बड़े खूबसूरत तरीक़े से व्यक्त किया है -

परगट भेस गोपाल गोविन्दू - कपट गियान न तुरुक न हिन्दू

साहित्य में परंपरा जो सूफ़ी को अपने पूर्व के सूफ़ियों से विरासत के रूप में मिलती है, उन साहित्यिक प्रयोगों को भविष्य में और विकसित रूप देना ही उस परंपरा का सही निर्वहन है। सूफ़ी कवि अपने पूर्व की परंपरा की उपेक्षा नहीं करता। यह परंपरा एक ऐसी वस्तु है जिसे एक हाथ से लिया जाता है और अपने अनुभवों की चाशनी में लपेट कर अगली पीढ़ी को दिया जाता है। परंपरा का उतना अंश ही महत्वपूर्ण होता है जो हमें ऐसा संस्कार दे जिस में विस्तार की सम्भावना और उदारता हो।

जायसी की यह परंपरा हमें हज़रत शाह काज़िम क़लन्दर के कलाम में स्पष्ट दिखाई पड़ती है। हज़रत शाह काज़िम क़लन्दर कृष्ण की छवि से मोहित हैं और सूफ़ियों का सम्पूर्ण दर्शन उन्हें कृष्ण की छवि और उनकी लीलाओं में दिखाई पड़ता है। यह सूफ़ियों के श्रीकृष्ण से बढ़ते सम्बन्ध का दूसरा उदहारण है। शाह काज़िम क़लन्दर लिखते हैं -

गुप्त नहीं प्रकट है काज़िम घट-घाट वाही को देख जमाल

सूफ़ी साधना की चार अवस्थाएँ कही जाती हैं। पहली अवस्था हाल की अवस्था है। यह वो अवस्था है जब सूफ़ी साधक का मन

विचलित होता है । उसे लगता है कि उसे कुछ चाहिए लेकिन क्या चाहिए यह मालूम नहीं है। सूफ़ी इसे ईश्वर का वरदान कहते हैं। दूसरी अवस्था मक़ाम की अवस्था है। इस अवस्था में मुर्शिद अपने मुरीद को ढूंढ लेता है। आत्मा रुपी युवती की शादी हो गई है पर गौना नहीं हुआ। पति के स्वरुप का वर्णन अपनी सखियों से तो ख़ूब सुना है लेकिन अब तक पति के साथ रहने का सौभाग्य प्राप्त नहीं हुआ। तीसरी अवस्था बक़ा की अवस्था है। जब मुर्शिद अपने मुरीद के साथ रहता है। युवती का गौना हो गया और अब वह पति के साथ रह रही है और उसे समझ रही है। चौथी अवस्था फ़ना की अवस्था है जब मुर्शिद और मुरीद का भेद ही समाप्त हो जाता है। मुर्शिद और मुरीद दोनों एक हो जाते हैं। कुछ सूफ़ियों ने एक और अवस्था बताई है -फ़ना होकर बक़ा रहने की अवस्था, जब मुर्शिद नहीं रहता, मुरीद बच जाता है लेकिन वह मुर्शिद का ही प्रतिरूप होता है।

जायसी के काव्य में जहाँ हाल और मक़ाम की अवस्था का वर्णन मिलता है वहीं हज़रत शाह काज़िम क़लन्दर के कलाम में बक़ा और फ़ना की अवस्थाओं का वर्णन साफ़ ज़ाहिर होता है। कहीं शाह काज़िम श्री कृष्ण से क्षण भर का वियोग सहन नहीं कर पाते -

मनमोहन हो कहाँ जाय बसे

कल करत रहे जो उन कुंजन बिछुड़े फिर न मिले दर्शन
धीरे-धीरे मन बिरहन को कब हुए बिछुड़े फिर न मिले दर्शन

वहीं श्री कृष्ण जब उनके सामने खड़े हो जाते हैं तो शाह काज़िम उन पर तन-मन-धन सब न्योछावर कर देते हैं -

काले-पीले श्वेत हरे मा, हम तो देखा हरे हरे
फिर देखा हरा न काला, को दीन्ह कहे लो पियरवा

सूफ़ियों का वहदत-उल-वजूद परमात्मा को ही एक-मात्र सत्ता मानता है और उसी का अस्तित्व हक़ीक़ी समझा जाता है। सूफ़ियों

के अनुसार दुई संभव नहीं इसलिए या तो वह स्वयं रह सकता है या परमात्मा । परमात्मा ही बचे इस लिए स्वयं के अस्तित्व को मिटा देना ही सूफ़ी दर्शन का मूल है।। शाह काज़िम क़लन्दर भी कृष्ण के स्वरुप को कुछ इसी प्रकार चित्रित करते हैं -

घर-बाहर अब वही है काज़िम, हम ना हैं ना हैं ना हैं

बक़ा की अवस्था का वर्णन शाह काज़िम अपने काव्य में कुछ यूँ करते हैं -

छबि मोहनी का कठिन है देखब
देख पड़त नहीं कोऊ दिखाई
काज़िम देखे साहब अनमूरत
जिस की मूरत होवे कन्हैया

जब शाह काज़िम बक़ा की अवस्था से फ़ना की अवस्था में प्रवेश करते हैं तो उन के समक्ष द्वैत का भेद समाप्त हो जाता है और हर तरफ महबूब के ही दर्शन होते हैं -

अपने पीतम सों हम मिल के हो गए वा के रंग
हम वाके वह हमरे रंग मिल दोऊ भए एक अंग

श्री कृष्ण के घट-घट व्यापी रूप का वर्णन शाह काज़िम क़लन्दर यूँ करते हैं -

जाको बतावें जग से न्यारा, सो पाया डारे गर बाँहें
कौन कहत है अलख निरंजन, घट-घट बीच समयों ना हैं

हज़रत शाह तुराब अली क़लन्दर के काव्य में भी यही रंग मिलते हैं लेकिन इनकी रचनाओं में फ़ना और फ़ना हो कर बक़ा रहने की अवस्था का ज़िक्र भी मिलता है। यहाँ भक्त और भगवान का जो रिश्ता जायसी की कन्हावत से शुरु हुआ था वह और भी ज़्यादा परिपक्व और आत्मीय बन जाता है।

मोरी बिथा सुन कान्ह कहत हैं
मैं तोरी बात पर कान न देहौं
आन बान हमरी है याही
छक के दरस कबहूँ आन न देहौं
जान के मोसे वह जान कहत है
कैसे कहूँ फिर जान न देहौं
वारूँगी जान 'तुराब' पिया पर
जान देहौं पर जान न देहौं

भक्त और भगवान के बीच का रिश्ता अब इतना प्रगाढ़ हो चला है कि तुराब श्री कृष्ण को उलाहना दे रहे हैं-

बहुत सही तोरी अब न सहूँगी
एक कहोगे तो लाख कहूँगी

चैन करो तुम औरन के संग
मैं नहीं तुम्हरे संग रहूँगी

देखी पीत तुम्हारी झूठी
अब न काहू को जी सो चहूँगी

काहे तू मोसे आँख चुरावत
सन्मुख तोरे मैं आपै न हूँगी

जारो न फूँको जियरवा मोरा
रो रो मैं गंगा पार बहूँगी

जाओ विदेस संताप के हमका
अब तो कबहूँ पाती लिखूँगी

हौं कर जोड़े 'तुराब' के आगे
गुरु की दया बिन कब निबहूँगी

शाह तुराब और शाह काज़िम के प्रतीकों में समानता है इस लिए इन के प्रतीक और भी सुन्दर और मार्मिक हो गए हैं। शाह काज़िम के शांत रस में जहाँ विरह का रंग सर्वत्र छाया हुआ है वहीं शाह तुराब की ठुमरियों में मिलन और महबूब से रूठने-मनाने का भाव दिखता है। शाह काज़िम ने कृष्ण के साथ जो सम्बन्ध स्थापित किया था, शाह तुराब उसी राह पर कई क़दम आगे पहुंचे मालूम पड़ते हैं।

हाँ हाँ मो-का न छेड़ कन्हैया
हौं तो दिनन की थोड़ी

वृज मा का एक हम हीं बसत हैं
और बहुत हैं साँवरी गोरी

निकसी हूँ आज मंदिर सो अपने
सास ननद की चोरी

फेंक न लाल गुलाल बसन पर
ऊजर है अब चूनर मोरी

रंग सो बोरे जो मोरी चुनरिया
खेलूँ 'तुराब' वही संग होरी

हज़रत शाह तुराब अली क़लन्दर के बारे में एक कहानी काकोरी और लखनऊ में बड़ी प्रसिद्ध है। एक बार इस इलाक़े में कई महीनों तक बारिश नहीं हुई। हज़रत तुराब अली क़लन्दर ने जब यह देखा

तो एक मुनाजात लिखी और कहते हैं कि जब यह दुआ पढ़ी गई तो झमाझम पानी बरसने लगा। आज भी लखनऊ और काकोरी के लोग जब बारिश नहीं होती तो हज़रत शाह तुराब की ये दुआ ज़रूर पढ़ते हैं -

ख़ुदा से या रसूल-अल्लाह बंदों की सिफ़ारिश कर
कि बरसे सब कहें बारान-ए-रहमत ख़ूब सा झर-झर

गया सावन चला भादों न बरसा अब तलक पानी
हुई बरसात आख़िर किस तरह 'आलम न हो मुज़्तर

मैं तेरा नाम लेता हूँ दु'आ में अव्वल-ओ-आख़िर
वसीला जिस का ऐसा हो दु'आ रद्द उस की हो क्यूँ कर

ख़ुदा-ना-ख़्वास्ता गर ख़ुश्क-साली यूँही रहती है
तो हो जाएगी दुनिया कोई दिन में 'अर्सा-ए-महशर

जो बादल ख़ूब सा गरजे-ओ-पानी ज़ोर से बरसे
वबा बिजली से मारी जाए महँगी पर गिरें पत्थर

'तुराब' आज़ाद हो ग़म से मिटे ये रंज 'आलम से
घमंड उस का बढ़े मौला तेरी बंदा-नवाज़ी पर

इधर हाल ही में इस किताब के संपादक का ख़ानक़ाह काज़मिया क़लन्दरिया में जाना हुआ। आज भी यह ख़ानक़ाह एक पुरसुकून दर्सग़ाह मालूम पड़ती है, जहाँ इंसान तो क्या पेड़-पौधे भी अदब से पेश आते हैं। हमें बताया गया कि ख़ानक़ाह में बहुत चुनिन्दा लोगों को

ही मुरीद किया जाता है। भारत विभाजन के बाद काकोरी से सैकड़ों परिवारों का पलायन हो गया जिस की वजह से इस ख़ानक़ाह के कई मुरीद पाकिस्तान चले गए। ख़ानक़ाह का परिसर बहुत बड़ा है और मरम्मत की राह देख रहा है। इस ख़ानक़ाह के ज़्यादातर मुरीद नौकरी-पेशा रहे हैं। इस ख़ानक़ाह के शुरुआती भवनों की तामीर राजा टिकैत राय ने करवाई थी। उन के बाद धीरे-धीरे दूसरे निर्माण हुए। ख़ानक़ाह परिसर में आम, बरगद और नीम के सैकड़ों वर्ष पुराने पेड़ एक गहरी अध्यात्मिक शान्ति प्रदान करते हैं। ख़ानक़ाह में हज़ारों पांडुलिपियाँ भी सुरक्षित हैं।

शाह तुराब के उर्दू, फ़ारसी और हिन्दवी कलाम का इन्तिख़ाब पहली बार हिंदी में प्रकाशित हो रहा है। सूफ़ी साहित्य ने भाषाओं के बीच पुल का काम किया है। सूफ़ियों और संतों ने भाषाओं के विकास में न सिर्फ़ अपना अमूल्य योगदान दिया है बल्कि इन के काव्य में भाषाओं के क्रमिक विकास से सम्बन्धित महत्वपूर्ण सूत्र भी छिपे हैं जिन्हें जाने बग़ैर हिंदी अथवा उर्दू दोनों भाषाओं का अध्ययन अधूरा है।

-सुमन मिश्र

क्रम सूची

फ़ारसी ना'त

फ़ारसी कलाम

ना'त

कोई शहर नहीं शहर मदीने के बराबर
हर ज़र्रा[1] वहाँ का है नगीने के बराबर

1 कण

जिस दिन से वहाँ की है मोहम्मद ने सुकूनत[1]
यसरिब[2] हुआ ताबूत सकीने[4] के बराबर

1 स्थाई निवास 2 मदीना शहर का पुराना नाम 3 वो संदूक़ जिस में नबियों के सामान रखे गए

जिस माह-ए-मुबारक[1] में हुई उसकी विलादत[2]
वो कौन महीना वो महीने के बराबर

1 पवित्र महीना 2 जन्म

गो नूह[1] की कश्ती थी बड़ी लंबी-ओ-चौड़ी
लेकिन न मोहम्मद के सफ़ीने[2] के बराबर

1 एक पैग़म्बर का नाम 2 नाव

हाथ आए जिसे ख़ाक[1] मोहम्मद के क़दम की
रखे वो कफ़न में उसे सीने के बराबर

1 मिट्टी

फिर उ'म्र 'तुराब' उस की इताअ'त[1] में जो गुज़रे
फिर तो कोई नें'मत[2] नहीं जीने के बराबर

1 आज्ञा-पालन 2 सुख

करे 'इश्क़-ए-महमूद[1] पर कब वो नाज़
कि अपनी क़दर[2] जानता है अयाज़[3]

1 महमूद गज़नवी की मोहब्बत 2 महत्व 3 महमूद गज़नवी के तुर्की ग़ुलाम का नाम

वो कहता है मैं तू हूँ और तू ही मैं
कहे किस से बंदा ये मौला का राज़

करम से जो मौला के हो सुर्ख़रु[1]
वो आ'लम[2] में क्यूँ-कर न हो सरफ़राज़[3]

1 कामयाब 2 संसार 3 प्रतिष्ठित

है वो मर्द-ए-दीवाना[1] या बे-शुऊ'र[2]
न हो नेक-ओ-बद[3] का जिसे इम्तियाज़[4]

1 दीवाना व्यक्ति 2 अशिष्ट 3 भला और बुरा 4 अंतर

तू उस ना-ख़ुदा[1] को न कह बा-ख़ुदा[2]
गुनाहों से जिस का लदा हो जहाज़

1 नाविक 2 ईश्वर की क़सम

तिरे काम सब बन पड़ेंगे 'तुराब'
कि दरवेश[1] का है ख़ुदा कार-साज़[2]

1 फ़क़ीर 2 बिगड़ा हुआ काम बनाने वाला

कलाम

दिल जिस की मोहब्बत में गिरफ़्तार है मेरा
वो दुश्मन-ए-जानी[1] ओ दिल-आज़ार[2] है मेरा
1 कट्टर दुश्मन 2 दिल दुखाने वाला

कहता है ख़बर-दार छुपाना मिरी उल्फ़त[1]
आशिक़ से यही क़ौल[2] और इक़रार[3] है मेरा
1 प्यार 2वचन 3 वादा

कल देख के मुझ को वो लगा कहने किसी से
पहचानियो इस को ये ख़री-दार है मेरा

सूरत न दिखाउँगा उसे अपनी किसी दिन
कह दो ये अबस[1] तिश्ना-ए-दीदार[2] है मेरा
1 बेकार 2 दर्शनाभिलाषी

किस तर्ह ब-ईं[1] हाल उसे यार मैं जानूँ
नादानी से ये वह्म-ओ-पिन्दार[2] है मेरा
1 इस के बावजूद 2 भ्रम और गर्व

किस तरह 'तुराब' अपना कहूँ हाल किसी से
जग में न कोई यार न ग़म-ख़्वार[1] है मेरा
1 हमदर्द

'अक़्ल का हुक्म है उधर तू न जाना ऐ दिल
'इश्क़ कहता है कि फिर वाँ[1] से न आना ऐ दिल

1 वहाँ

'अक़्ल ख़ारिज[1] हुई जिस वक़्त हुआ 'इश्क़ का दख़्ल
आँख लगते ही हुए होश रवाना ऐ दिल

1 नामंज़ूर

गिर्या[1] मत कर नहीं होने का ग़म-ए-यार[2] फ़िरा[3]
है कठिन पानी से ये आग बुझाना ऐ दिल

1 रोना-पीटना 2 महबूब का ग़म 3 कम

मैं न कहता था कि इक रोज़ तू रुस्वा[1] होगा
इस क़दर उस पे हुआ क्यूँ तू दिवाना ऐ दिल

1 अपमानित

बाज़ आ मान कहा उस की तरफ़ फिर मत जा
क्या नहीं और कहीं तेरा ठिकाना ऐ दिल

जिस को मैं जान-ए-'अज़ीज़[1] अपना समझता था 'तुराब'
'इश्क़ में वो भी हुआ मुझ से बेगाना[2] ऐ दिल

1 प्यारी जान 2 अनजान

मैं पीर-ए-'इश्क़[1] हूँ मज्नूँ मुरीद[2] है मेरा
वो आ'शिक़ी में ख़लीफ़ा-रशीद[3] है मेरा

1 प्रेम गुरु 2 शिष्य 3 नेक उत्तराधिकारी

फ़रेफ़्ता[1] हूँ मैं जिस पर वो है फ़िदा[2] मुझ पर
ये हुस्न-ए-तालि'-ओ-बख़्त-ए-सई'द[3] है मेरा

1 आशिक़ 2 न्योछावर 3 ख़ुश-क़िस्मती और सौभाग्य

तुझे हो ई'द मुबारक मुझे गले से लगा
न कर हिजाब[1] ये इनआ'म-ए-ई'द[2] है मेरा

1 पर्दा 2 ई'द की बख़्शिश

करम से तेरे तो नज़्दीक है किसी दिन आ
न सोच घर से तिरे घर बई'द[1] है मेरा

1 दूर

वो कान धर के मिरा माजरा[1] सुने तो कहूँ
नई कहानी है क़िस्सा जदीद[2] है मेरा

1 क़िस्सा 2 नया

'तुराब' किस से मुख़ातब[1] हो कल वो कहता था
ये तेग़-ए-इश्क़[2] का मारा शहीद है मेरा

1 जिससे बात की जाए 2 प्रेम की तलवार

निशाँ इस का किसी से कब बयाँ हो
वही पावे निशाँ जो बे-निशाँ[1] हो

1 गुमनाम

मुनज़्ज़ह[1] वो तो है कौन-ओ-मकाँ[2] से
मकाँ उस को कहाँ जो ला-मकाँ[3] हो

1 पवित्र 2 संसार 3 जिसके पास घर न हो

कोई जगह नहीं पर उस से ख़ाली
ज़मीं हो 'अर्श[1] हो या आसमाँ हो

1 परमेश्वर का सिंहासन

सिवा उस के नहीं कोई जहाँ[1] में
तलाश उस की करो यारो जहाँ हो

1 संसार

'तुराब' उस्ताद से मालूम कर लो
तरीक़-ए-मा'रिफ़त[1] गर क़द्र-दाँ[2] हो

1 ईश्वर को पा लेने का रास्ता 2 महत्व समझने वाला

ग़नीमत है मुलाक़ात आज उस की
ख़ुदा-मा'लूम फिर कब हो कहाँ हो

जब दिल-ए-मंसूर[1] पर हक़्[2] छा गया
लब पे इक़रार-ए-अनल-हक़[3] आ गया

1 एक मशहूर सूफ़ी हुसैन बिन मंसूर का दिल 2 सत्य 3 मैं सत्य हूँ यानी मैं ही ईश्वर हूँ इस का इक़रार

यारो तुम कहते हो जिस को अर्श[1] पर
मैं तो अपने दिल में उस को पा गया

1 ईश्वर का सिंहासन

हैफ़[1] सिर्र-ए-हक़[2] न पूछा एक ने
पास अपने इक जहाँ[3] आया गया

1 अफ़सोस 2 ईश्वर का भेद 3 संसार

दम-ब-ख़ुद[1] हो रहिए कुछ कहिए न अब
हक़[2] जो कोई बोला सो झट मारा गया

1 चुप-चाप 2 सत्य

मुर्शिद-ए-बर-हक़[1] के सदक़े[2] जाइए
राह हक़[3] की जो हमें दिखला गया

1 सही मार्ग दिखाने वाला सूफ़ी 2 निसार होना 3 सत्य मार्ग

कह दे तालिब[1] से कि सब हक़ है 'तुराब'
कलिमत-उल-हक़[2] वो यही फ़रमा गया

1 इच्छुक 2 सच्ची बात

नोक-ए-मिज़ा-ए-यार[1] है नश्तर[2] के बराबर
ख़ूँ-रेज़ी[3] में अबरू[4] भी है ख़ंजर के बराबर

1 महबूब के पलक की नोक 2 घाव पर चीरा लगाने वाला औज़ार 3 ख़ून बहाना 4 भँवें

हर-चंद गुलिस्ताँ[1] में गुल-अंदाम[2] बहुत हैं
ख़ुश-क़द[3] नहीं कोई सर्व-ओ-सनोबर[4] के बराबर

1 बाग़ 2 महबूब 3 सुंदर 4 लंबा , सीधा और सुन्दर वृक्ष

क्या आब[1] है क्या ताब[2] है ऐ जौहरी[3] आ देख
आँसू हैं मिरे ला'ल-ओ-गौहर[4] के बराबर

1 चमक-दमक 2 शान-शौकत 3 रत्न परखने वाला 4 मणिक और मोती

मर मर गए उश्शाक़[1] किसी से न हुआ नर्म
ख़ूबों का दिल सख़्त है पत्थर के बराबर

1 इश्क़ करने वाले

उश्शाक़[1] गली में तिरी क्यूँ ख़ाक[2] न छानीं
है ख़ाक तिरे दर की उन्हें ज़र[2] के बराबर

1 इश्क़ करने वाले 2 मिट्टी 3 धन-दौलत

आज़ाद मशाइख़[1] में 'तुराब' एक न देखा
कोई अहल-ए-मलामत[2] हो क़लंदर[3] के बराबर

1 आज़ाद परहेज़-गार लोग 2 निंदा के योग्य 3 एक प्रकार के फ़क़ीर जो मस्त और आज़ाद रहते हैं

हदफ़[1] जिस का फ़क़त[2] दिल हो मैं ऐसे तीर के क़ुर्बां
बदन जिस से न घायल हो मैं उस शमशीर[3] के क़ुर्बां

1 लक्ष्य 2 केवल 3 तलवार

जो लैला ने कहा हंस के कि बेड़ी डाल दो उस के
गया बन क़ैस[1] दीवाना हुआ ज़ंजीर के क़ुर्बां

1 लैला का प्रेमी

उठा कर बुर्क़ा[1] मुखड़े से ज़रा सूरत तो दिखला दे
हिजाब[2] इतना न कर मुझ से तिरी तस्वीर के क़ुर्बां

1 नक़ाब 2 पर्दा

तू ख़ाक[1] अपने क़दम की दे न कर मोहताज कुंदन का
किसे मिलती है ये दौलत मैं उस इक्सीर[2] के क़ुर्बां

1 मिट्टी 2 अचूक औषधि

तू अपने इश्क़ का तुग़रा[1] मेरे माथे पे कर दे नक़्श[2]
न मुंह मोड़ूँ कभी तुझ से मैं उस तशहीर[3] के क़ुर्बां

1 एक प्रकार की लिपि जिसमें कोई शक्ल बना देते हैं 2 चित्र 3 प्रचार-प्रसार

'तुराब' उस ने जवानी में मुझे पीरों[1] की ने'मत[2] दी
बनाया पीर[3] मुझ को मैं तो अपने पीर के क़ुर्बां

1 गुरु लोग 2 उपहार 3 गुरु

जिस ने कोई यूसुफ़[1] कोई या'क़ूब[2] बनाया
उस ने मुझे तालिब[3] तुझे मतलूब[4] बनाया

1 पैग़म्बर हज़रत यूसुफ़ जो अत्यंत सुन्दर थे 2 पैग़म्बर यूसुफ़ के पिता हज़रत या'क़ूब 3 इच्छुक 4 वांछित

बख़्शी है उसी ने तो मुझे तेरी मोहब्बत
प्यारे मिरे जिस ने तुझे महबूब बनाया

हम को तो नज़र पड़ती है सब ख़ूबी उसी की
जिस ने तुझे ख़ूबों[1] में बहुत ख़ूब बनाया

1माशूक़ लोग

जिस दिन से मैं चाहा उसे शरमाने लगा वो
शोख़ी[1] ने मिरे यार को महजूब[2] बनाया

1 शरारत 2 जो पर्दे में हो

ज़ाहिद[1] को उसी चीज़ से दुनिया में है नफ़रत
अल्लाह[2] ने जिस चीज़ को मर्ग़ूब [3] बनाया

1 गुनाह से दूर रहने वाला 2 ईश्वर 3 मन-पसंद

सूरत को मरी देख 'तुराब' उस ने कहा कल
यूँ 'इश्क़ ने किस के तुझे मज्ज़ूब[1] बनाया

1दीवाना

आदम[1] को मलक[2] कहते थे क्या ख़ाक बनेगा
समझे न कि सर-ता-क़दम[3] इदराक[4] बनेगा

1 सृष्टि का प्रथम मनुष्य 2 देवदूत 3 सिर से पांव तक 4 ज्ञान

थी ख़ाक समझ उन की किसी ने ये न समझा
आदम दम-ए-हक़[1] से नफ़्स-ए-पाक[2] बनेगा

1 ईश्वर के हुक्म से 2 पवित्र अस्तित्व

होएगा कोई दम में ये मस्जूद-ए-मलाइक[1]
है ख़ाक-नशीं[2] हाकिम-ए-अफ़्लाक[3] बनेगा

1 जिनको फ़रिश्तों ने सज्दा किया था अर्थात पैग़म्बर आदम 2 विनम्र

3 आकाश- समूह का मालिक

औलाद से होएगा उसी के वो पयम्बर[1]
जो सल्ले-'अला[2] साहिब-ए-लौलाक[3] बनेगा

1 ईश्वर का संदेशवाहक 2 हज़रत मुहम्मद पर दरूद भेजने वाले

कलमे का टुकड़ा 3 पैग़म्बर हज़रत मोहम्मद की उपाधि

रह शाद[1] 'तुराब' अपनी हक़ीक़त को समझ कर
सूरत के लिए काहे को ग़म-नाक[2] बनेगा

1 ख़ुश 2 दुःखी

ख़याल-ए-पीर[1] का जिस के हुआ है दिल में नशिस्त[2]
वो तिफ़्ल[3] ख़ूब जवाँ-बख़्त[4] है औ पीर-परस्त[5]

1 गुरु का विचार 2 बैठक 3 बालक 4 ख़ुशनसीब 5 पीर का भक्त होना

मैं उस को हाथ पकड़ के हवाले क्यूँ न करूँ
मिली है पीरों[1] से ने'मत[2] मुझे जो दस्त-ब-दस्त[3]

1 गुरु लोग 2 सुख 3 हाथो-हाथ

न आँख उठा के देखो तुम उस की आँख की तरफ़
कि है वो तुर्क[1] बड़ा शोख़-दीदा-ओ-बद-मसत[2]

1 महबूब 2 शरारती आँखों वाला और मदहोश

वही जो चाहे तो हो इंतिज़ाम-ए-हिन्दोस्तान[1]
करे जो ज़ुल्फ़ परेशाँ[2] का अपने बंद-ओ-बस्त[3]

1 हिन्दुस्तान का इंतिज़ाम 2 बिखरे हुए बाल 3 व्यवस्था

न सुर्मगीं[1] हो तो ऐ तुर्क-ए-चश्म[2] मेरे हुज़ूर
लगा न तीर-ए-निगह[3] दिल पे मेरे पहन के शिकस्त[4]

1 सुर्मई आँख 2 सुन्दर और ख़ूबसूरत आँख 3 दृष्टि का बाण 4 हार

कोई 'तुराब' को छेड़े न अज़-बराए ख़ुदा[1]
वो एक रिंद-ए-ख़राबात[2] है औ मस्त-ए-अलस्त[3]

1 ईश्वर के लिए 2 वो शराबी जो ज़ियादातर मधुशाला में रहता हो 3 दिव्य प्रेम के नशे में

जो चाहे कि क़हत-ओ-वबा[1] दूर हो
पढ़े या वली-युल-वला[2] दूर हो

1 सूखा और महामारी 2 वलियों के वली

वबा[1] आती है शामत-ए-फ़िस्क़[2] से
करो तौबा माँगो दु'आ दूर हो

1 महामारी 2 पाप की विपत्ति

जहाँ में हवा ख़्वाह-ए-सेहत[1] हैं सब
इलाही[2] वबा की हवा दूर हो

1 शुभचिंतक 2 ईश्वर

नुज़ूल-ए-बला[1] है बहुत इन दिनों
करम से तिरे हर बला दूर हो

1 आफ़त आना

जिधर जाते हैं सुनते हैं हाय हाय
इलाही ये सौत-ओ-सदा[1] दूर हो

1 आवाज़ और गूंज

रहे जो सदा[1] पास तेरे 'तुराब'
तू उस से न बहर-ए-ख़ुदा[2] दूर हो

1 हमेशा 2 ईश्वर के लिए

कम कोई फ़ुक़रा[1] से मिलता है ख़ुदा के वास्ते[2]
दफ़-ए'-आ'दा[3] के लिए या कीमिया[4] के वास्ते

1 सूफ़ी-संत लोग 2 लिए 3 विरोधी को दूर करना 4 सोना-चाँदी बनाने की कला

ऐ ख़ुदा वालो यही है तुम से मेरी इल्तिजा[1]
हल करो मुश्किल मिरी मुश्किल-कुशा[2] के वास्ते

1 निवेदन 2 कष्ट में मदद करने वाला

मुद्द'आ[1] हासिल हुआ तो फिर गए कहने लगे
क्यूँ ख़ुशामद[2] कीजिए उन की दु'आ के वास्ते

1 आशय 2 चाटुकारिता

ऐसे लोगों से करें दरवेश[1] ना-हक़[2] इख़्तिलात[3]
सोहबत[4] उन की ज़हर है अहल-ए-सफ़ा[5] के वास्ते

1 फ़कीर 2 बे-वजह 3 मेल जोल 4 संगत 5 शुद्ध अंत:करण वाला

शाह जी उस को न कहना है वो भिक-मँगा फ़क़ीर
अग़निया[1] से जो मिले नश्व-ओ-नुमा[2] के वास्ते

1 दौलतमंद लोग 2 परवरिश पाना

साया-ए-दरगाह काज़िम[1] हम को क्या कम है 'तुराब'
क्यूँ फिरें हम दर-ब-दर[2] ज़िल्ल-ए-हुमा[3] के वास्ते

1 हज़रत काज़िम की दरगाह की शरण 2 गली-गली 3 हुमा पक्षी की छाया

ग़ज़ल

शैख़ अगर तू ने नज़र जग से उठाई होती
कब 'इबादत तिरी नाक़िस[1]ओ रियाई[2] होती

1-त्रुटिपूर्ण 2 पाखंड वाला

ठीक उस वक़्त तिरी राह-नुमाई[1] होती
यार के घर की मुझे राह बताई होती

1 मार्गदर्शन

जिस के बा'इस[1] न कभी यार से होती ग़फ़लत[2]
नासेहा[3] मुझ को वो तदबीर[4] सिखाई होती

1 कारण 2 असावधानी 3 उपदेशक 4 उपाय

यारो वासिल-ब-हक़[1] इस तरह न होता 'आशिक़
उस बिचारे को अगर ताब-ए-जुदाई[2] होती

1- ब्रह्मज्ञानी 2 वियोग सहने की शक्ति

जल के परवाना मुआ[1] ख़ाक हुआ जी उठता
गोर[2] पर उस के जो फिर शम्अ' जलाई होती

1 मरा हुआ 2 समाधि

शहर क्या छोड़ के बैठा है तू जंगल में 'तुराब'
पहले हस्ती[1] की दुकाँ अपनी लुटाई होती

1 अस्तित्व

बुलबुलों पर कर दे ऐ सय्याद[1] एहसाँ छोड़ दे
फ़स्ल-ए-गुल[2] आई है ज़ालिम छोड़ दे हाँ छोड़ दे

1 शिकारी 2 बसंत ऋतु

शाना[1] इतनी चीरा-दस्ती[2] ज़ुल्फ़-ए-जानाँ[3] से न कर
मत पकड़ दाँतों से इसके मू-ए-पेचाँ[4] छोड़ दे

1 कांधा 2 अत्याचार 3 प्रेमिका के बाल 4 पेचदार बाल

लैला ख़ल्वत[1] में कहे थी हँस के मजनूँ से यही
बैठ रह दर पर मिरे जंगल बयाबाँ[2] छोड़ दे

1 एकांत 2 मरुस्थल

शुस्त-ओ-शू[1] ज़ाहिर[2] बदन की क्या बहुत करता है शैख़[3]
साफ़ रख दिल को ज़रा वस्वास-ए-शैताँ[4] छोड़ दे

1 सफाई 2 बाह्य 3 मुर्शिद 4 शैतान का संशय

ज़िंदगी से तंग हो मरने की ख़्वाहिश हो जिसे
कह दो उस बीमार से दारू-ओ-दरमाँ[1] छोड़ दे

1 दवा और उपचार

मरती है उस पर ज़ुलैख़ा[1] कह दे यूसुफ़[2] से 'तुराब'
जा अज़ीज़-ए-मिस्र[3] हो ये चाह-ए-कनआँ[4] छोड़ दे

1 मिस्र के बादशाह की पत्नी जो हज़रत यूसुफ़ पर मुग्ध थी 2 एक पैग़म्बर जो अत्यंत सुन्दर थे 3 मिस्र का राजा 4 कुआँ जिसमें पैग़म्बर यूसुफ़ को भाइयों ने डाला था

मूसा[1] ने जिसे जल्वा-नुमा[2] तूर[3] से देखा
कल बर्क़[4] उसे मैं ने भी कल दूर से देखा

1 पैग़म्बर मूसा 2 दर्शन दिखाने वाला 3 एक पहाड़ 4 बिजली

गर वो न दिखाता तो उसे देखते क्या हम
उस नूर को हम ने तो उसी नूर से देखा

इक तरह का होवे तो किसी से कहूँ ता'रीफ़
सौ तरह का नाज़ उस बुत-ए-मग़रूर[1] से देखा

1 घमंडी माशूक़

कब हुस्न में हो हूर-ओ-परी[1] उस के मुक़ाबिल[2]
उस रश्क-ए-परी[3] को तो परे[4] हूर से देखा

1 अप्सरा और परी 2 सामने 3 परी से भी अधिक सुन्दर 4 अलग

हम को तो बहुत रंज दबे 'इश्क़ में दिल ने
क्या क्या न तुराब इस दिल-ए-रंजूर[1] से देखा

1 दुखी दिल

किसी पे जाल न डाले ख़ुदा मोहब्बत का
कि छूटता नहीं जीते फँसा मोहब्बत का

कहानी इ'श्क़ की कहिए तो नींद उड़ जाए
न पूछे हम से कोई माजरा[1] मोहब्बत का

1 विवरण

मुझे तो सब कहीं महबूब दीख पड़ता है
मैं किस तरह से न हूँ मुब्तला[1] मोहब्बत का

1 पीड़ित

उसी ने दिल में मिरे इस क़दर मोहब्बत दी
मैं आप से नहीं बानी[1] हुआ मोहब्बत का

1प्रवर्तक

मुझे तो उस की मोहब्बत ने सब से नफ़रत दी
कोई किसी से न हो आश्ना[1] मोहब्बत का

1 परिचित

मैं क्या बताऊँ मोहब्बत की कैफ़ियत[1] क्या है
कोई 'तुराब' से पूछे मज़ा मोहब्बत का

1 दशा

मय-ए-वहदत[1] से ओ साक़ी[2] लबालब एक साग़र दे
मैं बंदा तेरा हो जाऊँ तू मतवाला मुझे कर दे

1 तौहीद की शराब 2 शराब पिलाने वाला

पिला साक़ी मुझे वो मय[1] जो ज़ौक़-ए-बे-ख़ुदी[2] बख़्शे
रग-ओ-रेशे[3] में मेरे कैफ़ियत मंसूर[4] की भर दे

1 शराब 2 नशे की आदत 3 स्वभाव 4 एक मशहूर सूफ़ी

तू शैख़-ए-जाम[1] कर मुझ को क़सम है पीर-ए-मुग़[2] तुझ को
सक़ाहुम रब्बहुम[3] पढ़ के शराब आगे मिरे धर दे

1 जाम का मालिक 2 आध्यात्मिक मार्गदर्शक 3 उनका रब उन्हें शराब पिलाएगा

मलामत इ'श्क़-बाज़ी की उठाए कौन शेख़ी[1] में
'तुराब' इस काम का तो है कि हर कारे-ओ-हर मर्दे[2]

1 झूठी शान 2हर शख़्स हर काम के लिए उपयुक्त नहीं है

यारो मैं अगर इ'श्क़ का बीमार न होता
हरगिज़[1] वो मिरे दर पै आज़ार[2] न होता

1 कदापि 2 हानि पहुँचाने की घात में

आ'शिक़ से अगर वस्ल[1] का इक़रार न होता
तो हश्र[2] तलक वा'दा-ए-दीदार[3] न होता

1 मिलन 2 क़यामत 3 दर्शन का वादा

लट ज़ुल्फ़ की होती न अगर सहर का लटका
दिल उस के लटकने पय-ए-गिरफ़्तार न होता

होता न मुक़य्यद[1] में अगर जल्वा-ए-मुतलक़[2]
हर रँग में बे-रंग नुमूदार[3] न होता

1 क़ैद 2 सर्वव्यापी दर्शन 3 प्रकट

जाता मैं ख़ुदा जाने किधर राह भटक के
रस्ते पे अगर ख़ाना-ए-ख़ुमार[1] न होता

1 शराब बनाने वाले का घर

वल्लाह[1] 'तुराब' उस बुत-ए-रहज़न[2] से न बचता
अल्लाह अगर उस का मदद-गार न होता

1 ईश्वर की सौगंध 2 लुटेरा बुत

कहो मुझ से मत अपने जाने की बात
सुनाओ न फ़िर रंज[1] आने की बात

1 कष्ट

ख़ुदा से डरो और बातें करो
बढ़ाते हो क्यूँ जी घटाने की बात

चले कह के तुम हम को मत भूलना
भला ये भी है कोई भुलाने की बात

कभी तो रुला दे है इक बात में
करे है कभी वो हँसाने की बात

छुपाई न मुझ से गई क्या कहूँ
मोहब्बत में थी जो छुपाने की बात

'तुराब' और क्या इस से ज़्यादा कहे
सुना दे जो कुछ थी सुनाने की बात

इस ज़माने में है हर शख़्स को दुनिया की तलाश
बस ग़नीमत[1] है जिसे कुछ भी हो उ'क़्बा[2] की तलाश

1 संतोष योग्य बात 2 मृत्यु के बाद की दुनिया

मालदारों को ज़्यादा है तमअ'[1] दुनिया की
मर्द-ए-मुहताज[2] को है रोज़-ए-फ़र्दा[3] की तलाश

1 लोभ 2 दरिद्र मनुष्य 3 आने वाला दिन

गज़ी-ओ-गाढ़ा[1] ग़रीबों को है मतलूब-ए-लिबास[2]
नाज़ुक-अंदामों[3] को है जामा-ए-ज़ेबा[4] की तलाश

1 एक प्रकार का कपड़ा 2 कपड़े की आवश्यकता 3 नाज़ुक शरीर वाले 4 सुन्दर वस्त्र

मारता है वही आ'शिक़ को जिलाता है वही
यार के होते करे कौन मसीहा[1] की तलाश

1 बीमारों को अच्छा करने वाला

इस जहाँ में न कोई होगा तलब[1] से ख़ाली
कहीं आ'ला[2] की तलब है कहीं अदना[3] की तलाश

1 इच्छा 2 श्रेष्ठ 3 तुच्छ

फ़िल-हक़ीक़त[1] में ये सब नफ़स[2] के बंदे हैं 'तुराब'
बंदा-ए-हक़[3] है वही जिस को है मौला[4] की तलाश

1 नि:संदेह 2 मन 3 सच्चा इंसान 4 ईश्वर

मिरी तस्बीह[1] का इक तार टूटा
वो काफ़िर[2] का तो सब ज़ुन्नार[3] टूटा

1 सौ दानों की माला 2 नास्तिक 3 जनेऊ

मिरा दिल इ'श्क़ ने क्या तोड़ डाला
दिल उस का भी तो आख़िर कार टूटा

शिकस्त[1] अब इ'श्क़ ने दोनों तरफ़ दी
इधर बे-दिल उधर दिलदार टूटा

1 पराजय

पिला साक़ी मुझे अब भर के प्याले
कि हर जुरआ'[1] में इक इंकार टूटा

1 एक घूँट

ख़बर पहुँची न क्यूँ कर मोहतसिब[1] को
मिरा ख़ुम[2] तो सर-ए-बाज़ार[3] टूटा

1 मुफ़्ती 2 मटका 3 बाज़ार में

मैं टूटा हाथ से उस बुत[1] के ऐसा
'तुराब' ऐसा न कोई दीन-दार[2] टूटा

1 माशूक़ 2 धार्मिक

मोहब्बत में जो कोई होते हैं सादिक़[1]
उन्हीं पर होते हैं मा'शूक़ आ'शिक़

1 सच्चा

मुख़ालिफ़[1] फिर हमारा क्या करेगा
हुआ जब यार ही हम से मुआफ़िक़[2]

1 विरोधी 2 अनुकूल

दिखाओ यारो मिरे दिल को ले जाके
तबीबों[1] में अगर हो कोई हाज़िक़[2]

1 चिकित्सक 2 बुद्धिमान

विसाल[1] उस का किसी दिन होगा सुनियो
जुदाई का मरज़ है जिस को लाहिक़[2]

1 मिलन 2 लगा हुआ

गली से यार की बाहर कहाँ जाए
कि है वो जन्नत-उल-मावा-ए-आ'शिक़[1]

1 आ'शिक़ का सर्वोपरि स्वर्ग

'तुराब' उस की तवज्जोह कब इधर हो
कहाँ मा'शूक़ को परवा-ए-आ'शिक़[1]

1 आ'शिक़ की परवाह

जिस तरह दीवाना ऐ दिल तू हुआ
मज्नूँ[1] ऐसा कम कोई आ'क़िल[2] हुआ

1 दीवाना 2 बुद्धिमान

इ'श्क़ में जिस के गया मैं सब को भूल
याद से मेरी वो क्यूँ ग़ाफ़िल[1] हुआ

1 बेख़बर

छेड़ते हैं सब दीवाना जान के
राह चलना मुझ पर अब मुश्किल हुआ

जिस से मैं रो-रो के ये कहता हूँ हैफ़[1]
फ़क़्र[2] में ऐसा मैं ना-क़ाबिल हुआ

1 अफ़सोस 2 दरिद्रता

हँस के वो मुझ से यही कहता है वाह
तू तो अपने फ़न[1] में अब कामिल[2] हुआ

1 कला 2 पूर्ण

इ'श्क़ में जैसा तू बे-दिल[1] है 'तुराब'
जग में ऐसा कौन साहिब-ए-दिल[2] हुआ

1 बिना दिल के 2 दिल वाला

पढ़ के ख़त यार का कल मैं ने बनाया ता'वीज़[1]
इस से बेहतर कोई अल-हुब्ब[2] का न पाया ता'वीज़

1 गले में पहनी गई दुआ 2 प्रेम

गर्म-जोशी[1] से किसी दिन न मिला मुझ से वो
आग में जिस के लिए मैं ने जलाया ता'वीज़

1 प्रेम भाव

शायद उस बुत[1] का दिल-ए-संग[2] कहीं पानी हो
इस लिए बहर[3] में लिख लिख के बहाया ता'वीज़

1 माशूक़ 2 पत्थर दिल 3 समुन्दर

इक अ'मल[1] भी न चला उस पे मिरा किया कहिए
गरचे[2] सौ तर्ह मोहब्बत का लिखाया ता'वीज़

1 जादू टोना 2 यद्यपि

न चला मेरा कहा उस से में कहता ही रहा
जान मेरी कोई लेता है पराया ता'वीज़

यार मेरा न कभी मुझ से ख़फ़ा होवे 'तुराब'
मुझ को बतला दे कोई ऐसी दुआ' या ता'वीज़

मिरे क़ासिद[1] को ख़ुदा के लिए ग़मनाक[2] न कर
देख के ख़त को मिरे गर्म न हो चाक[3] न कर

1 संदेशवाहक 2 पीड़ित 3 फाड़ना

होंगे उ'श्शाक़[1] क़ियामत में तिरे दामन-गीर[2]
दूर दामन से बहुत गर्दिश-ए-अफ़्लाक[3] न कर

1 प्रेमी लोग 2 दामन पकड़ने वाला 3 आकाश की गति

गर्द[1] हो कब से मैं लिपटा हूँ तिरे दामन में
झाड़ दामन को न बर्बाद मिरे ख़ाक न कर

1 धूल

जी तो आ'शिक़ के चले जाते हैं हमराह रिकाब[1]
देख गुलगूँ[2] को बहुत तुंद-ओ-चालाक[3] न कर

1 घोड़े की काठी 2 फ़रहाद की प्रेमिका का लाल घोड़ा 3 उग्र और तेज़

पड़ गई होगी कहीं रिंद[1] के घर दुख़्तर-ए-रज़[2]
मोहतसिब[3] उस की बहुत जुस्तजू-ओ-ताक[4] न कर

1 शराबी 2 अंगूर की शराब 3 मुफ़्ती 4 तलाश

इस क़दर उस पे न दे जान कहा मान 'तुराब'
मुँह लगा बहुत न उस शोख़[1] को बे-बाक[2] न कर

1 चंचल 2 निडर

शरी'अत[1] पे हो जिस को ख़ूब इस्तक़ामत[2]
वो क्यूँ-कर न हो अहल-ए-कश्फ़-ओ-करामत[3]

1 धार्मिक क़ानून 2 दृढ़ता 3 चमत्कार करने वाले

क़ियामत के अ'र्से[1] का अ'र्सा नहीं कुछ
मुए जिस घड़ी दो-ही दिन है क़ियामत

1 अवधि

सलामत-रवी[1] का हो जिस का तरीक़ा
है उस वक़्त में वो ही अहल-ए-मलामत[2]

1 सलामती की राह पर चलना 2 निंदा करने वाले

यही दोनों काम आते हैं आ'क़िबत[1] में
रहें दीन-ओ-ईमान[2] अपने सलामत

1 क़यामत 2 धर्म और ईमान

निशाँ पर लगे उस का तीर-ए-दुआ'[1] कब
न चिल्ला-कशी[2] से झुके जिस का क़ामत[3]

1 प्रार्थना का तीर 2 चालीस दिन की प्रार्थना और उपवास

3 डील-डौल

'तुराब' इंतिक़ाम-ए-अ'मल[1] है मुसल्लम[2]
जहाँ में बला[3] है गुनाहों की शामत[4]

1 कार्य का बदला 2 प्रमाणित 3 मुसीबत 4 दुर्भाग्य

यूसुफ़[1] फँसा पड़ा था ज़ुलैख़ा[2] की चाह में
या'क़ूब[3] झाँकते थे कुएँ शाह-राह[4] में

1 एक सुन्दर पैग़म्बर 2 एक स्त्री, जो हज़रत यूसुफ़ पर मुग्ध थी 3 पैग़म्बर यूसुफ़ के पिता 4 राजमार्ग

दुनिया की सल्तनत को समझते हैं यूँ फ़क़्र[1]
नौशा[2] कभी बने कोई जैसे बियाह में

1 निर्धनता 2 दूल्हा

हुशियार मय-कदे[1] में न पाया किसी को आह
बे-ख़ुद[2] कोई नज़र न पड़ा ख़ानक़ाह[3] में

1 मधुशाला 2 अपने आप से बेख़बर 3 सूफ़ियों का निवास स्थान

तक़्वा[1] पर अपने तुझे इस तरह है ज़ौक़[2]
फ़ासिक़[3] को जैसे मिलती है लज़्ज़त[4] गुनाह में

1 ईश्वर का डर 2 रुचि 3 पापी 4 स्वाद

'आशिक़ का हाल यार किसी दिन तो पूछता
तासीर[1] होती कुछ भी अगर उस की आह में

1 प्रभाव

याँ क्यूँ न ज़िक्र-ए-यार[1] हमेशा रहे 'तुराब'
करता हूँ नफ़ी[2] ग़ैर में हर ला-इलाह[3] में

1 माशूक़ की चर्चा 2 इन्कार 3 ईश्वर के अतिरिक्त कोई नहीं

ई'द का चाँद है तू ई'द मुबारक हो तुझे
मुझ दुआ'-गो[1] से ये कह दीद[2] मुबारक हो तुझे

1 दुआ करने वाला 2 दर्शन

नज़्र[1] लाया हूँ ये दिल उठ के बग़ल-गीर[2] हो मिल
ई'द में दीद की फ़हमीद[3] मुबारक हो तुझे

1 भेंट 2 आलिंगित 3 समझ

वाह क्या साज़-ए-तरब[1] से है तिरी महफ़िल गर्म
ऐ'श इ'शरत[2] की ये तम्हीद [3] मुबारक हो तुझे

1 तरब दार सितार 2 भोग विलास 3 भूमिका

ज़ाहिदा[1] राह-ए-हक़ीक़त[2] से नहीं तुझ को इ'ल्म
अ'मल-ए-ख़ैर[3] ब-तक़लीद[4] मुबारक हो तुझे

1 धर्म-परायण व्यक्ति 2 सत्य का पथ 3 अच्छा कार्य 4 अनुसरण

कहो मंसूर[1] से हक़[2] कह के तू सूली पे चढ़ा
समरा-ए-शज्रा-ए-तौहीद[3] मुबारक हो तुझे

1 एक मशहूर सूफ़ी 2 सत्य 3 तौहीद (एकेश्वरवाद) के दरख़्त का फल

तू तो आज़ाद 'क़लन्दर'[1] है मशाइख़[2] में तुराब
शान-ए-तजरीद-ओ-तफ़रीद[3] मुबारक हो तुझे

1 सांसारिक व धार्मिक बन्धनों से मुक्त इंसान 2 परहेज़गार लोग 3 अकेले जीवन व्यतीत करने की शान

तू ने दिखला के रुख़[1] अपना मुझे हैरान किया
दिल को उलझा के ज़ुल्फ़ों में परेशान किया

1 मुख

देखते ही तिरी सूरत गए नासेह[1] के हवास[2]
ख़ूब अल्लाह ने दुश्मन को पशेमान[3] किया

1 उपदेशक 2 होश 3 लज्जित

जिस को आराम-ए-दिल-ओ-राहत-ए-जाँ[1] कहते हैं
जान-ओ-दिल मैं ने उसी यार पे क़ुर्बान[2] किया

1 दिल का चैन और जान का आराम 2 फ़िदा

हक़ की तक़दीर[1] पे राज़ी[2] हूँ जो चाहे करे सौ
मुझ को परवाना उसे शम्अ'-ए-शबिस्तान[3] किया

1 भाग्य 2 प्रसन्न 3 रात का चराग़

नज़र-ए-बद[1] न लगे मुँह पे जो नुक़्ता[2] हो सियाह[3]
ख़ाल[4] को ख़ूबी-ए-आ'रिज़[5] का निगहबान[6] किया

1 बुरी नज़र 2 बिंदु 3 काला 4 तिल 5 गाल,की ख़ूबसूरती 6 पहरेदार

शैख़[1] गर तू ने बहुत बुत-कदे[2] तोड़े तो क्या
नफ़्स-ए-काफ़िर[3] को किसी दिन न मुसलमान किया

1 मुर्शिद 2 मंदिर 3 अधर्मी मन

मुझे नज़्दीक बुलवाया तो होता
मेरी दूरी का ग़म खाया तो होता

बहुत करता है शाना[1] मू-शगाफ़ी[2]
ज़रा ज़ुल्फ़ों में उलझाया तो होता
1 कंघा 2 आलोचना

न होता आईना हरगिज़ मुक़ाबिल[1]
तू अपना हुस्न चमकाया तो होता
1 सामने

वो ज़ालिम मारता है घाव पर घाव
भला एक ज़ख़्म सिलवाया तो होता

जब आया तर्स[1] उसे बोला मुख़ालिफ़[2]
कोई दिन और तरसाया तो होता
1 दया 2 विरोधी

'तुराब' उस बिन नहीं दिल को तिरे चैन
किसी सूरत से बहलाया तो होता

जुनूँ[1] से कुछ नहीं चारा[2] करे क्या क़ैस[3] बेचारा
बरहना-पा[4] बरहना-सर[5] फिरे है बन[6] में आवारा

1 दीवानगी 2 उपाय 3 मजनूं का नाम 4 नंगे पाँव 5 नंगे सर 6 जंगल

न रोता है न हँसता है न कुछ कहता न सुनता है
शराब-ए-'इश्क़-ए-लैला[1] से हुआ मदहोश यकबारा[2]

1 लैला के 'इश्क़ की शराब 2 आकस्मिक

वो उस की क़द्र[1] क्या जाने ख़ुदा-हाफ़िज़[2] मैं डरता हूँ
पड़ा है हाथ में लड़के के मेरे दिल का सीपारा[3]

1 आदर 2 ईश्वर आपकी रक्षा करने वाला है 3 तीस टुकड़े

उठा ले आँख से मेरी तू नासेह[1] आस्तीं अपनी
करेगा तुझ को तर दामन मिरे आँसू का फ़व्वारा

1 उपदेशक

वो दिल पर मेरे धर के हाथ उफ़ कर के लगा कहने
हुआ है 'इश्क़ की गर्मी से तेरा दिल तो अँगारा

'तुराब' उस शख़्स को हम नेक-ओ-ख़ुश-औक़ात[1] कहते हैं
ख़ुदा की याद में जिस के कटे औक़ात[2] हमवारा[3]

1 समृद्ध 2 समय (वक्त) का बहुवचन 3 निरंतर

देख कर ज़ुल्फ़-ए-सियह[1] मफ़्तून-ओ-शैदा[2] हो गया
ऐ दिल-ए-दीवाना क्या तुझ को ये सौदा[3] हो गया

1 काले बाल 2 मोहित 3 दीवानगी

यारो मेरा रँग कुछ उस पर न आया अब तलक
मैं तो उस के इ'श्क़ में रंगीं सरापा[1] हो गया

1 सर से पैर तक

किस तरह यारी से उस की मुझ को बे-ज़ारी[1] न हो
आश्ना[2] ग़ैरों से अब तो यार मेरा हो गया

1 अप्रसन्नता 2 परिचित

जूँही मज्लिस[1] से मिरे कल उठ गया वो सर्व-क़द[2]
झट क़ियामत[3] आ-गई और हश्र[4] बरपा[5] हो गया

1 सभा 2 सर्व-जैसे सीधे शरीर वाला 3 महाप्रलय 4 महाप्रलय 5 घटित

हुस्न-ए-ख़िदमत[1] से हुआ महमूद[2] का प्यारा अयाज़[3]
इस क़दर की बंदगी[4] उस ने कि मौला[5] हो गया

1 अच्छी सेवा 2 महमूद गज़नवी 3 महमूद गज़नवी के गुलाम का नाम

4 आराधना 5 मालिक

क्या हो अगर हुस्न में शोहरत[1] हुई उस की 'तुराब'
मैं तो उस के इ'श्क़ में बदनाम-ओ-रुसवा[2] हो गया

1प्रसिद्धि 2बे इज़्ज़त और अपमानित

यारो ये सब बात की इक बात है अस्ल-उल-उसूल[1]
याद में इस की रहो ऐसे कि सब को जाओ भूल

1 अस्ल बात

नफ़्स-ओ-शैताँ[1] की इता'अत[2] में ज़लालत[3] है हुसूल[4]
ताबे'-ए-अमर-ए-ख़ुदा[5] हो पसरव-ए-हुक्म-ए-रसूल[6]

1 मन और शैतान 2 अधीनता 3 गुमराही 4 परिणाम 5 ईश्वर का हुक्म मानने वाला
6 रसूल की आज्ञा का फ़रमान

जो ख़ुदा के लोग हैं उन से मिलो ख़िदमत[1] करो
इस से बेहतर कोई नहीं बहर-ए-ख़ुदा[2] राह-ए-वुसूल[3]

1 सेवा 2 ईश्वर के लिए 3 प्राप्ति का रास्ता

दफ़ा-ए-ईज़ा[1] जिस क़दर हो आप से करते रहो
दूर कर दो गर पड़ा हो राह में ख़ार-ए-बबूल[2]

1 तकलीफ़ दूर करना 2 बबूल का काँटा

बार-ए-ख़ातिर[1] होके सोहबत[2] में किसी के रहिए मत
बल्कि यूँ रहिए कि जैसे पानी पर उतर आए फूल

1 मन पर बोझ 2 संगत

अव्वल-ओ-आख़िर[1] 'तुराब' उस का हमारा साथ है
जो हमारा यार है जिस को किया हम ने क़ुबूल

1 शुरू से आख़िर तक

जब से ग़ैरों को उस ने साथ रखा
कुछ न यारों से इल्तिफ़ात[1] रखा

1 ध्यान

आप हँसता रहा रक़ीबों[1] से
हम को रोता तमाम रात रखा

ख़ूब आग़ाज़[1] ख़त तलक हम पर
सद्द-ए-बाब-ए-मकातिबात[2] रखा

1 आरंभ 2 चिट्ठियों का द्वार बन्द करना

दिल गया हाथ से मिरे हैहात[1]
हाथ पर उस के जब मैं हाथ रखा

1 अफ़सोस

इ'श्क़ में किया 'तुराब' को हक़[1] ने
अक़्ल से हीला-ए-नजात[2] रखा

1 ईश्वर 2 छुटकारे का बहाना

नज़र आई है जब से क़ातिल की सूरत[1]
तड़पता है दिल मुर्ग़-ए-बिस्मिल[2] की सूरत[3]

1 रूप 2 ज़ख़्मी परिन्दे का दिल 3 समान

तिरे देखने की करे है वो अरमाँ[1]
जो देखे है आ तेरे घाइल की सूरत

1इच्छा

किसे ताब[1] है जो मुक़ाबिल[2] हो देखे
क़ियामत है इस शम्अ'-ए-महफ़िल[3] की सूरत

1 ताक़त 2 समक्ष 3 वो मोमबत्ती जो सभा में प्रकाशमान हो

कभी रो उठे है कभी हँस पड़े है
अ'जब इन दिनों है मिरे दिल की सूरत

न पाँव में ताक़त न दिल में इरादा
'तुराब' अब कहाँ क़त-ए'-मंज़िल[1] की सूरत

1 गंतव्य तक पहुंचना

अमीरों को है गर अमीरी पे नाज़
फ़क़ीरों को भी है फ़क़ीरी पे नाज़

जो ज़ुल्फ़-ए-सियह[1] में हुआ है असीर[2]
वो करता है अपनी असीरी[3] पे नाज़

1 काले बाल 2 क़ैदी 3 क़ैद

हुकूमत पे नाज़ाँ[1] थे जो इस क़दर
गया उड़ सब उन का तग़य्युरी[2] पे नाज़

1 इठलाने वाला 2 परिवर्तन

ख़ुदा ने जिसे पीर-ओ-मुर्शिद[1] किया
नहीं उस को कुछ अपनी पीरी[2] पे नाज़

1 आध्यात्मिक मार्गदर्शक 2 मार्गदर्शक होने की स्थिति

मुझे दस्त-ए-बै'[1] अपना कर ले 'तुराब'
करूँ मैं तिरी दस्त-गीरी[2] पे नाज़

1 हाथ पर हाथ रख कर प्रतिज्ञा करना 2 हाथ थामना

❁

निहायत[1] बे-वफ़ा निकला सनम से दिल मिरा टूटा
नहीं अब उस से कुछ उम्मीद बिल्कुल आसरा[2] टूटा

1 अत्यन्त 2 सहारा

लगावट[1] से फिर उस के ये शिकन[2] दिल की न जाएगी
नहीं जोड़े से मिलता है जहाँ शीशा ज़रा टूटा

1 लगाव 2 सिलवट

हमारे शीशा-ए-दिल[1] को सँभल के हाथ में लीजो
नज़ाकत[2] उस में है उतनी नज़र से जब गिरा टूटा

1 शीशे की तरह कोमल दिल 2 कोमलता

बहुत पीरी[1] में दानाई[2] का था तुझ को घमंड ऐ दिल
जुनूँ[3] में हाथ से लड़कों के देखा सर तिरा टूटा

1 वृद्धावस्था 2 अक्लमंदी 3 दीवानगी

किया था इ'श्क़ के दम ने मुझे ताल-उल-लिसान[1] ऐसा
हुआ हूँ गुंग अब जब से दम-ए-नग़मा-सरा[2] टूटा

1 बहुत बोलने वाला 2 गायक की श्वास

'तुराब' उस को ग़नीमत[1]जान जो रुस्वा[2] हुआ जग में
मोहब्बत में हुआ फ़ानी[3] तिरा चूँ-ओ-चरा[4] टूटा

1 अच्छा 2 बदनाम 3 नाशवान 4 वाद-विवाद

निहाँ[1] जो सोज़[2] परवाने[3] में देखा
अ'याँ[4] वो शम्अ' काशाने[5] में देखा

1 गुप्त 2 दुख 3 पतंगा 4 प्रकट 5 घर

वो क्या मस्जिद में आ'बिद[1] बन के बैठे
जिसे लोगों ने बुत-ख़ाने[2] में देखा

1 तपस्वी 2 मंदिर

हक़ीक़त का बहर-सूरत[1] इ'लाक़ा
जो तार-ए-सुब्हा[2] हर दाने में देखा

1 हर प्रकार से 2 जपमाला

वो बोला मेरी वहशत[1] देख के कल
जुनून-ए-तुर्फ़ा[2] ये दीवाने में देखा

1 डर 2 अनोखा पागलपन

हुई मज्नूँ की ये ख़ाना-ख़राबी[1]
जो आबाद उस को वीराने[2] में देखा

1 सत्यानाश 2 उजाड़

'तुराब' उस शोख[1] की ख़ूबी न कुछ पूछ
जमाल[2] उस का मैं शरमाने में देखा

1 चंचल 2 ख़ूबसूरती

मुझे तो मारा हया ने तेरी करेगा मुझ से हिजाब[1] कब तक
दिखा दे मुखड़ा उठा दे पर्दा रखेगा मुँह पर नक़ाब[2] कब तक

1 पर्दा 2 पर्दा

भला ये पूछे कोई सनम से हुई है तक़्सीर[1] कौन हम से
जो बाज़[2]आता नहीं सितम से ये ज़ुल्म-ओ-जोर-ओ- 'इताब[3] कब तक

1 कोताही 2 रुकना 3 अत्याचार और उत्पीड़न

मिरे हरीफ़ों[1] से कर के यारी हुआ शरीक-ए-शराब-ख़्वारी[2]
भला मैं कैसे करूँ न ज़ारी[3] जलूँ मैं मिस्ल-ए-कबाब[4] कब तक

1 प्रतिद्वंद्वी 2 शराब पीने का साथी 3 विलाप 4 कबाब की तरह

उमंग[1] पर है तिरी जवानी तो कर ले बंदे से लन-तरानी[2]
ये बात अच्छी नहीं है जानी रहेगा हुस्न-ओ-शबाब[3] कब तक

1 उत्साह 2 डींग 3 सौंदर्य और जवानी

रहे है ग़ैरों के घर में दिन-भर न रश्क[1] यारों को आए क्यूँ कर
कभी वो आता नहीं मिरे घर रहूँ मैं ग़म में ख़राब कब तक

1 गर्व

मुझे तो आई है दिल पर रिक़्क़त[1] कि 'इश्क़-बाज़ी है उस की ख़िल्क़त[2]
तो दाम-ए-सूरत[3] में फ़िल-हक़ीक़त[4] फँसा रहेगा 'तुराब' कब तक

1 नम्रता 2 स्वभाव 3 ख़ूबसूरती का जाल 4 वास्तव में

मिल गया ग़ैरों से झट हम से जुदाई कर गया
बे-वफ़ा था जब तो ऐसी बेवफ़ाई कर गया

कोई इस ना-आश्ना[1] से आश्नाई[2] क्या करे
आश्ना[3] से अपने जो ना-आश्नाई[4] कर गया

1 अपरिचित 2 परिचित होना 3 परिचित 4 अपरिचित होना

आँख औरों से लड़ाई फेर ली हम से निगाह
सुल्ह[1] जा दुश्मन से की मुझ से लड़ाई कर गया

1 मेल-मिलाप

देख कर रस्ते में मुझ को फिर गया कतरा[1] के राह
शोख़[2] राह-ए-शर्म[3] से क्या कज-अदाई[4] कर गया

1 किनारा करना 2 चंचल 3 लाज का रास्ता 4 बे-वफ़ाई

ज़िंदगी-ओ-मर्ग[1] इक आ'लम[2] की उस के हाथ थी
अपने दौर-ए-हुस्न[3] में वो बुत[4] ख़ुदाई कर गया

1 ज़िंदगी और मौत 2 विश्व, संसार 3 हुस्न का ज़माना 4 माशूक़

जीते-जीते तू कभी दिल से न भूलेगा 'तुराब'
चलते-चलते यार जो मुझ से रुखाई[1] कर गया

1 नीरस

दैर[1] में जो करे ख़ुदा को याद
रामपुर उस को हो इलहाबाद

1 बुतख़ाना

दूसरा कोई नज़र नहीं पड़ता
कीजिए किस से यार की फ़रियाद

आपी मा'शूक़ आपी आ'शिक़ है
कौन शीरीं[1] है कौन है फ़रहाद[2]

1 फ़रहाद की प्रेमिका 2 शीरीं का प्रेमी

बाग़बाँ[1] बंद कर ले दरवाज़ा
जाने पाए न बाग़ में सय्याद[2]

1 माली 2 शिकारी

लाई फिर मुज़दा-ए-बहार[1] सबा[2]
बुलबुलों से कहो मुबारकबाद

1 बहार की ख़ुशख़बरी 2 पूर्वी हवा

जो तसव्वुर[1] में उस के ख़ुश है 'तुराब'
वो हमेशा रहेगा शादाँ[2] शाद[3]

1 कल्पना 2 ख़ुश 3 ख़ुश

'इश्क़ ने दिल को नौ-जवान किया
हिज्र[1] ने तन को ना-तवान[2] किया

1 जुदाई 2 कमज़ोर

तेरी उल्फ़त[1] ने हम से ऐ प्यारे
एक आ'लम[2] को बद-गुमान[3] किया

1 मुहब्बत 2 संसार 3 संदेह रखने वाला

फिर गए हम से आश्ना-ए-क़दीम[1]
'इश्क़ में सब का इम्तिहान किया

1 पुराना परिचित

उड़ गया सुन के होश नासेह[1] का
हाल-ए-दिल[2] मैं ने जब बयान किया

1 उपदेशक 2 दिल का हाल

क्या अ'जब है वो तालिब[1] उस का हो
जिस ने मतलूब[2] इक जहान किया

1 इच्छुक 2 जिसकी इच्छा की जाए

है वो बे-शक 'तुराब' का जानाँ[1]
सदक़े[2] जिस पर मैं अपना जान किया

1 महबूब 2 न्योछावर

जहाँ में दोस्त क्या सब हैं हमारे
जो अक़रब[1] हैं सो अ'क़रब[2] हैं हमारे

1 बहुत अधिक निकट 2 बिच्छू

हमें ग़ैरों से क्या उम्मीद-ए-यारी[1]
वो इतने आश्ना[2] कब हैं हमारे

1 दोस्ती की उम्मीद 2 परिचित

इलाही ख़ूब-रूयों[1] से बचाना
वो दुश्मन दिल के बे-ढब[2] हैं हमारे

1 सुन्दर चेहरे वाले 2 बे-ढंगा

जब इस के घर गया बोला कि चल बे
बहुत ऐसे मुक़र्रब[1] हैं हमारे

1 निकटस्थ

कभी इक दिन न उसके मुँह से निकला
ये हमदम[1] हैं मुसाहिब[2] हैं हमारे

1 साथी 2 साथी

'तुराब' उस की तलब[1] है फ़र्ज़[2] हम पर
हज़ारों जिस से मतलब हैं हमारे

1 तलाश 2 आवश्यक

उस शोख़ से कोई मेरी सिफ़ारिश[1] नहीं करता
क़ासिद[2] भी कुछ अहवाल[3] गुज़ारिश[4] नहीं करता

1 अनुशंसा 2 संदेशवाहक 3 हालत 4 अनुरोध

कोई ख़त को मिरे देखे तो पानी में डुबो दे
मैं इस लिए कुछ उस को निगारिश[1] नहीं करता

1 लिखना

दा'वा न कर ऐ अब्र[1] तू हम-चश्मी[2] का मुझ से
आँखों से तिरे ख़ून तो बारिश नहीं करता

1 बादल 2 मित्रता

ख़ाक-ए-क़दम-ए-यार[1] मुझे चाहिए कह्हाल[2]
सुर्मा वही उन आँखों में ख़ारिश[3] नहीं करता

1 दोस्त के पैरों की मिट्टी 2 सुर्मा लगाने वाला 3 खुजली

जुज़[1] शर्बत-ए-दीदार[2] मिरी क़ुव्वत-ए-दिल[3] को
तज्वीज़[4] 'तुराब' और जवारिश[5] नहीं करता

1 सिवाय 2 दर्शन का शर्बत 3 दिल की ताक़त 4 उपाय 5 एक प्रकार की औषधि

क्या फ़ाएदा है यारो उस बे-वफ़ा से मिलना
हो आर-ओ-नंग[1] जिस को यार आश्ना[2] से मिलना

1 लज्जा और अपमान 2 परिचित

मिलना है इस से बेहतर आए अगर मुयस्सर[1]
हो जिस के तईं[2] बराबर शाह-ओ-गदा[3] से मिलना

1 उपलब्ध 2 लिए 3 बादशाह और भिक्षुक

लाई है फ़स्ल-ए-गुल[1] का मुज़्दा[2] वही चमन में
लाज़िम[3] है तुझ को बुलबुल बाद-ए-सबा[4] से मिलना

1 वसंत ऋतु 2 खुशख़बरी 3 आवश्यक 4 पूर्व की ओर से चलने वाली हवा

मा'शूक़[1] से ब-मिन्नत[2] आ'शिक़ मिले न क्यूँ कर
भाता है यार ही को नाज़-ओ-अदा[3] से मिलना

1 महबूब 2 एहसान के साथ 3 नख़रा और अंदाज़

बे-ग़र्ज़[1] अहल-ए-दुनिया[2] फ़ुक़रा[3] से कब मिले हैं
मुश्किल पड़े तो होवे मुश्किल-कुशा[4] से मिलना

1 निःस्वार्थ, 2 दुनिया वाले 3 दरवेश लोग 4 संकट-मोचक

जिस को सफ़र हो करना रस्ता न होवे मा'लूम
उस को तो है ज़रूरत कोई रहनुमा[1] से मिलना

1 पथ-प्रदर्शक

दिल तुझे कैसी बे-क़रारी है
किस के आने की इंतिज़ारी है

कभी उस ने तुझे न याद किया
तुझ को यूँ जिस की यादगारी है

ग़ैर के घर वो आ के बैठ रहा
ये भी कोई राह-ओ-रस्म-ए-यारी[1] है

1दोस्ती का तरीक़ा

मुँह से क़ासिद[1] के सुन के ख़ुश-ख़बरी
वस्ल[2] की फिर उमीद-वारी है

1 संदेशवाहक 2 मिलन

कह दो उस से न देखे जेठ[1] की राह
माह-ए-बैसाख हम पे भारी है

1 बैसाख और अषाढ़ के बीच का महीना

न हुई होगी यूँ किसी की 'तुराब'
ग़म से जो कैफ़ियत हमारी है

❁

दिल तुझे हाथ लगा हाय ये क्या मशग़ला[1]
याद में इक बुत-ए-काफ़िर[2] के ख़ुदा को भूला

1 कार्य 2 अविश्वासी प्रेमी

मुझ को हरगिज़ ये ख़ुश आती नहीं फूलों की बास
ऐ सबा[1] सर्व-ए-गुल-अन्दाम[2] की मेरे बोला

1 पूरब से पश्चिम की ओर चलने वाली हवा 2 सर्व-जैसे सुन्दर शरीर वाला

दिल तो लगता नहीं है यार मिरा क्या कीजिए
बुलबुल उड़ जा तू न कह मुझ से चमन तू फूला

हिज्र[1] से मैं तह-ओ-बाला[2] हो खड़ा रोता हूँ
गाते हैं सावन और झूलते हैं सब झूला

1 जुदाई 2 अस्त-व्यस्त

ज़र्द-रू[1] नर्गिस-ए-शहला[2] को करे क्यूँ न 'तुराब'
ज़र्द[3] पोशाक[4] जो पहने वो परी-रू[5] दोला[6]

1 पीला चेहरा वाला 2 आंख जैसे काले धब्बे वाली नर्गिस 3 पीला 4 वस्त्र 5 परियों जैसी शक्ल वाला 6 झूला,हिंडोला

ऐ दिल-ए-ग़फ़लत-ज़दा[1] बेदार[2] हो सोता है क्या
उ'म्र आख़िर हो चुकी अब देखे होता है क्या

1 बेख़बर दिल 2 जागना

इस जहाँ के रंज पर अलबत्ता[1] रोना चाहिए
इस जहाँ के दर्द-ओ-रहमत[2] पर कोई रोता है क्या

1 यद्यपि 2 दर्द और कृपा

दम ग़नीमत[1] है न हो ग़ाफ़िल[2] ख़ुदा से एकदम[3]
ज़िंदगी ने'मत[4] है ग़फ़लत[5] में उसे खोता है क्या

1 संतोष करने योग्य 2 बेख़बर 3 बिलकुल 4 उपहार 5 बेख़बरी

मज़र'आ-ए-उ'क़्बा[1] है दुनिया इस में कुछ शुबहा नहीं
खेत है मौजूद इस में देखिए बोता है क्या

1 आख़िरत की खेती

सूफ़ियों[1] को तसफ़िया[2] दिल का मुक़द्दम[3] है 'तुराब'
क़ल्ब[4] है जिस का मुलव्विस[5] वो बदन धोता है क्या

1 एक रहस्यवादी संप्रदाय 2 सफ़ाई 3 सर्वोपरि 4 दिल 5 सना हुआ

नहीं मज्नूँ[1] पे साया[2] है किसी का
ये दीवाना सताया है किसी का

हज़ारे[1] का चमन उस को न दिखला
वो दिल पर दाग़ खाया है किसी का

1 गेंदे की एक क़िस्म

वो मेरा ख़ाना-ए-दिल[1] कर के वीराँ
सुना फिर घर बसाया है किसी का

1 हृदयरूपी घर

न निकले आह का मुँह से धुआँ क्यूँ
मिरा सीना जलाया है किसी का

न कह क़ासिद[1] वो तेरी याद में है
ये धोका और भुलाया है किसी का

1 संदेशवाहक

'तुराब' उस बुत[1] का है क्या नाज़-बरदार[2]
किसी ने बार उठाया है किसी का

1 माशूक़ 2 नाज़ उठाने वाला

जवानी तलक लुत्फ़[1] था ज़िंदगी का
बुढ़ापे ने खोया मज़ा ज़िंदगी का

1 आनंद

न तुझ से मिला जो यहाँ जीते जीते
उसे उ'म्र भर ग़म रहा ज़िंदगी का

सुना दे उसे क़ुम-बि-इज़्नी[1] का नग़मा
दिखा दे ज़रा मो'जिज़ा[2] ज़िंदगी का

1 ख़ुदा के हुक्म से जी उठ 2 चमत्कार

जो दुनिया में रह के हुआ हक़[1] से ग़ाफ़िल[2]
नतीजा उसे क्या मिला ज़िंदगी का

1 वो सत्य है (ख़ुदा) 2 बेख़बर

बहार आई फिर बुलबुलें जी उठेंगी
सुनाती है मुज़्दा[1] सबा ज़िंदगी का

1 खुशख़बरी

'तुराब' उस को इक दम न तू भूल जाना
भरोसा है पीरी[1] में क्या ज़िंदगी का

1 बुढ़ापा

पर्दा-ए-हुस्न[1] में छुपा हूँ मैं
अपनी सूरत पे मुब्तला[2] हूँ मैं

1 सौंदर्य का पर्दा 2,मुग्ध

आपी 'आशिक़ हूँ आप ही मा'शूक़
आपी दर्द आप ही दवा हूँ मैं

है जमाल-ओ-जलाल[1] मेरी शान
गरचे[2] दोनों से मावरा[3] हूँ मैं

1 सौंदर्य और क्रोध 2 यद्यपि 3 अतिरिक्त

कोई मेरे सिवा नहीं मौजूद
'अर्श[1] हूँ फ़र्श हूँ समा[2] हूँ मैं

1 ईश्वर का सिंहासन 2 आकाश

मुझ से सब माँगते हैं अपनी मुराद
सब का मक़्सूद-ओ-मुद्द'आ[1] हूँ मैं

1 उद्देश्य

हूँ बरी[1] वह्म-ओ-फ़ह्म[2] से तेरे
क्या बताऊँ 'तुराब' क्या हूँ मैं

1 आज़ाद 2 भ्रम और शक

जब से नज़र आई है वो शमशाद[1] की सूरत
पकड़ी है उसी दिन से मैं आज़ाद की सूरत
1 सर्व की तरह सीधा पेड़

ऐ बुलबुलो ये चहचहे आफ़त हैं तुम्हारे
दिखला देंगे इक दिन किसी सय्याद[1] की सूरत
1 शिकारी

उस वक़्त कोई देखे गुनहगार की हालत
जिस वक़्त नज़र पड़ती हो जल्लाद की सूरत

मज्ज़ूब[1] के मुश्ताक़[2] अ'बस[3] होते हो यारो
जा देखो किसे साहिब-ए-इरशाद[4] की सूरत
1 दीवाना 2 अभिलाषी 3 व्यर्थ 4 पथ-प्रदर्शक

किस तरह 'तुराब' और की भावै[1] मुझे तस्वीर
दिल में तो मिरे बस गई उस्ताद की सूरत
1 पसंद आना

सुख़न-आराई[1] का कल हम ने तमाशा देखा
उस की गोयाई[2] का कल हम ने तमाशा देखा

1 बात करना 2 बोल चाल

मुर्दे जी उठते थे जिस वक़्त वो कहता था कि क़ुम[1]
क्या मसीहाई[2] का कल हम ने तमाशा देखा

1 उठ-बैठ 2 जीवनदायी

नासेहा[1] सामने उस के न रहा होश-ओ-हवास[2]
तेरी दानाई[3] का कल हम ने तमाशा देखा

1 उपदेशक 2 सुधबुध 3 अक़्ल-मंदी

ख़ुश हुआ देख के महताब[1] को धोके से तिरे
दिल की बीनाई[2] का कल हम ने तमाशा देखा

1 चंद्रमा 2 नेत्र ज्योति

दिल की वहशत[1] से न था यक जगह उस को क़रार
क़ैस[2] सहराई[3] का कल हम ने तमाशा देखा

1 उदासी 2 मजनूं का नाम 3 रेगिस्तान में रहने वाला

आज उधर रुख़ नहीं करता है कोई शख़्स 'तुराब'
जिस की उमराई[1] का कल हम ने तमाशा देखा

1 अमीरी

न परवाना[1] हूँ शम्अ'-ए-अंजुमन[2] का
न दीवाना हूँ बुलबुल-सा चमन का
1 पतंगा 2 महफ़िल का चराग़

वो गोरे मुँह के आगे हो गया ख़ार[1]
जो गुल[2] फूला चमन में यासमन[3] का
1 काँटा 2 फूल 3 चमेली का फूल

मिरा दिल जाने या दिल उस का जाने
कहूँ किस से मैं अपना भेद मन का

अना रब[1] एक बोला एक अनल-हक़्क़[2]
पड़ा दोनों में क़िस्सा मा-ओ-मन[3] का
1 मैं ख़ुदा हूँ 2 मैं ही हक़्क़ हूँ 3 हम और मैं

'तुराब' उस से अना[1] सरज़द[2] कहाँ हो
जो अफ़सर हो शरीअ'त[3] के तुमन[4] का
1 अहंकार 2 घटित 3 धार्मिक क़ानून 4 पलटन

लिखा ता'वीज़[1] किस ने आह इस दिल की उदासी का
पढ़ा है किस ने अफ़्सूँ[2] हाए मेरी बे-हवासी[3] का

1 वह काग़ज़ जिस पर मंत्र लिखकर गले में बाँधते हैं 2 जादू 3 सुध-बुध खोना

ज़रा भी अब्र-ए-नैसाँ[1] जब तलक पानी न बरसाए
करे मुँह बंद दरिया किस तरह सीपी[2] प्यासी का

1 सर्दी या वसंत ऋतु में वर्षा लाने वाला बादल 2 शंख

ज़बाँ उस की हुई है गंग[1] जिस ने इस को पहचाना
वो आ'रिफ़[2] ही नहीं दा'वा करे जो हक़-शनासी[3] का

1 गूँगापन 2ब्रह्मज्ञानी 3 सत्य को पहचानना

अदा-ए-शुक्र-ए-ने'मत[1] है ख़ुदा की बंदगी[2] करना
ख़िलाफ़-ए-मर्ज़ी-ए-मुहसिन[3] निशाँ है ना-सिपासी[4] का

1 ईश्वरीय देन के लिए कृतज्ञता प्रकट करना 2 आराधना 3 उपकार करने वाले की मर्ज़ी के विरुद्ध 4 नाशुक्री

न होती गर मदद पीरों[1] की पर्दा साफ़ खुल जाता
'तुराब' ऐसे ख़राब अहवाल[2] दरवेश-ए-लिबासी[3] का

1 अध्यात्मिक गुरु 2 परिस्थिति 3 फ़क़ीरी वस्त्र

फ़ारसी ना'त

लौलाक कि नाज़िल शुदः दर शान-ए-मोहम्मद
जुज़्वीस्त ज़े-औसाफ़-ए-फ़रावान-ए-मोहम्मद

दर ज़ात-ए-शरीफ़श हमगी रहमत-ए-हक़ अस्त
बर जुम्लः ख़लाइक़ बुवद एह्सान-ए-मोहम्मद

ख़ाक-ए-क़दम अस्त बेह अज़ कोहल-ए-जवाहर
शाहान-ए-जहाँ-अंद ग़ुलामान-ए-मोहम्मद

हर चंद ज़े हसनात तही-दस्त 'तुराबम'
ग़म नीस्त कि दस्त-ए-मन-ओ-दामान-ए-मोहम्मद

❁

अनुवाद

लौलाक जो मोहम्मद की शान में नाज़िल हुआ
वो मोहम्मद के बे-शुमार औसाफ़ का एक जुज़्व है

उस की ज़ात-ए-मुबारका मुकम्मल तौर पर रहमत है
पूरी दुनिया पर मोहम्मद का एहसान है

उस के क़दम की मिट्टी कोह्ल-ए-जवाहर से बेहतर है
दुनिया के तमाम बादशाह मोहम्मद के ग़ुलाम हैं

ऐ 'तुराब' अगरचे तुम्हारा दामन नेकियों से ख़ाली है
ग़म की बात नहीं कि मेरा हाथ और मोहम्मद का दामन है

फ़ारसी कलाम

न-बाशद ख़ाली अज़ तू हेच-बज़्म-ओ-हेच-मय-ख़ानः
ज़े-तुस्त आबादी-ए-आ'लम-जहाँ बे-तुस्त वीरानः

तुई साक़ी तुई शारिब तुई बादः-ओ-पैमानः
तुई रिंद-ए-ख़राबाती तुई मख़्दूम-ए-मय-ख़ानः

मुसलमाँ बंदः-ए-रूयत बरहमन बंदः-ए-मूयत
तुई दर का'बः-ओ-मस्जिद तुई दर दैर-ओ-बुत-खानः

ब-जुज़ तू कीस्त मा'शूक़-ओ-कुदाम-इ'श्क़स्त व कू आ'शिक़
तुई बर सूरत-ए-शम्अ'-ओ-तुई बर शक्ल-ए-परवानः

'तुराब' अज़ राह-ए-मा'नी गर ब-बीनी जुम्लः आ'लम रा
हमः बाहम यगानःअंद यक कस नीस्त बेगानः

❀

कोई बज़्म और कोई मय-ख़ाना तुझ से ख़ाली नहीं
तेरे दम से पूरी दुनिया आबाद और तेरे बग़ैर पूरी दुनिया वीरान है

तू ही साक़ी, तू ही पीने वाला, तू ही शराब, तू ही प्याला है
तू ही रिंद,और मय-ख़ाने में तू ही पूज्य है

मुसलमान तेरे चेहरे के बंदे और बरहमन तेरे बालों के ग़ुलाम हैं
तू ही मस्जिद-ओ-का'बे और मंदिर में है

तेरे सिवा कौन मा'शूक़ और कौन आ'शिक़ है, तेरे बग़ैर 'इश्क़ क्या चीज़ है
तू ही शम्अ' की सूरत और तू ही पर्वाने की शक्ल में है

'तुराब' अगर तू दुनिया को बारीकी से देखे
तो तुझे सारी चीज़ें एक ही नज़र आएँगी

ऐ बे-ख़बर चे पुर्सी अज़ मज़्हब-ए-क़लंदर
बर-हक़ बुवद अनल-हक़ दर मश्रब-ए-क़लंदर

अहल-ए-हक़ीक़तस्त ऊ क़ाएल ब-वह्दतस्त ऊ
हर्फ़-ए-दुई न-शुनवद कस अज़ लब-ए-क़लंदर

ऊ ब-गुज़रद ज़े-हस्ती कोशद ब-हक़-परस्ती
जुज़ नूर-ए-हक़ न-ताबद दर कौकब-ए-क़लंदर

ता'लीम-ए-हक़ गिरफ़तम मिस्ल-ए-'तुराब' मन हम
ता नाम-ए-हक़ ब-ख़्वांदम दर मक्तब-ए-क़लंदर

अनुवाद

ऐ बे-ख़बर! तू क़लंदर के मज़्हब के बारे में क्या पूछ रहा है
क़लंदरों के मश्रब में अनल-हक़ (मैं ख़ुदा हूँ) ही सब कुछ होता है

वो परम सत्य और एकत्व का क़ाइल है
क़लंदर की ज़बान से कोई द्वैत के शब्द नहीं सुन सकता

वह राह-ए-हस्ती से गुज़र कर सत्य को पाने की कोशिश करता है
क़लंदर के सितारे में सत्य के नूर सिवा और कोई रौशनी नहीं है

'तुराब' की तरह मैं ने भी सच्चाई की शिक्षा पाई है
ताकि मैं भी क़लंदर की पाठशाला में सच को पढ़ सकूँ

अज़ ख़्वेश तिही मान्दम पैमानः चुनीं बायद
पुर अज़ नश्शः-ए-यारम मय-ख़ानः चुनीं बायद

दिल मह्व-ए-ख़याल-ए-तू मुश्ताक़-ए-जमाल-ए-तू
सोज़ाँ ब-विसाल-ए-तू परवानः चुनीं बायद

नाज़ुक बदन दिलबर गुल-रंग क़बा दर-बर
हर उज़्व पुर-अज़ ज़ेवर जानानः चुनीं बायद

वस्फ़श चू शुनीद अज़ मन चू सैद रमीद अज़ मन
दिल रफ़्त 'तुराब' अज़ मन बेगानः चुनीं बायद

❀

अनुवाद

मैं अपने आप से ख़ाली हूँ पैमाने को ऐसा ही होना चाहिए
यार के नशे में चूर हूँ मैख़ाने को ऐसा ही होना चाहिए

दिल तुम्हारे ख़्याल में महवर और तुम्हारे जमाल का मुश्ताक़ है
तुम्हारे विसाल में सोज़ां है परवाने को ऐसा ही होना चाहिए

नाज़ुक बदन दिलबर गुल-रंग क़बा में मलबूस है
हर अंग ज़ेवर से आरास्ता है महबूब को ऐसा ही होना चाहिए

उस ने जब उस की खूबी मुझ से सुनी तो वो शिकार की तरह भाग खड़ा हुआ
मिरा दिल मेरे हाथ से निकल जाए, बेगाने को ऐसा ही होना चाहिए

बर दिलम ईं चुनीं जफ़ा कर्द कि कर्द यार कर्द
बा मने दिल शुदः दग़ा कर्द कि कर्द यार कर्द

रू-ए-नहुफ़्तः अज़ बरम रफ़्त कि रफ़्त यार रफ़्त
बा हमः शोख़ी ईं हया कर्द कि कर्द यार कर्द

अज़ मिज़ा-ए-दो-सद-जहाँ कुश्त कि कुश्त यार कुश्त
ज़ख़्मी-ए-तीर ख़ल्क़ रा कर्द कि कर्द यार कर्द

सब्र-ओ-क़रार अज़ दिलम बुर्द कि बुर्द यार बुर्द
बे-ख़ुद-ओ-बे-ख़बर मरा कर्द कि कर्द यार कर्द

दी बर-ख़्वेश्तन 'तुराब' ख़्वांद कि ख़्वांद यार ख़्वांद
बा मन ईशारः-ए-बिया कर्द कि कर्द यार कर्द

अनुवाद

मेरे दिल पर ऐसा ज़ुल्म किस ने किया, यार ने
मुझ जैसे दिल देने वाले के साथ धोखा किस ने किया, यार ने

मेरे पास से मुँह छुपाए कौन गया, यार गया
तमाम शोख़ियों के साथ शर्म किस ने की, यार ने

अपनी आँखों से दो सौ दुनियाओं को किस ने मारा,यार ने
लोगों को अपने तीर से ज़ख़्मी किस ने किया, यार ने

मेरे दिल का धैर्य और चैन गया, कौन ले गया, यार ले गया
मुझको बे-ख़ुद-ओ-बे-ख़बर किया किस ने किया, यार ने

कल 'तुराब' ने अपने पास बुलाया, किस को बुलाया, यार को
मुझे आने का इशारा किया, किस ने किया, यार ने

❁

साक़ी बिया कज़ फ़ैज़-ए-मय दारम हवस-हा दर बग़ल
ता कै निहाँ दारी ज़े-मन ईं जाम-ओ-मीना दर बग़ल

यक आरज़ू-ए-वस्ल-ए-मन आख़िर न-गर्दद ता-ब-हश्र
गीरम चे-साँ रोज़े तुरा बा सद तमन्ना दर बग़ल

ना-हक़्क़ रवी ऐ गुल-बदन बहर-ए-तमाशा दर चमन
दारद रुख़-ए-ज़ेबा-ए-तू सदहा तमाशः दर बग़ल

गह मी-कशद दर कू-ए-ऊ गह मी-बरद बर बू-ए-ऊ
दिल नीस्त दर पहलू-ए-मन दारेम सौदा दर बग़ल

शौक़-ए-शिना गर बाश्दत ऐ आश्ना सूयम बिया
दारद 'तुराब' अज़ अश्क-ए-ख़ुद हर क़त्र: दरिया दर बग़ल

अनुवाद

आ साक़ी कि मैं शराब की अनुकंपा से वासनाओं को किनारे लगा सकूँ
तू कब तक इस शराब के प्याले और सुराही को अपने बग़ल में छुपाए रखेगा

मिलन की मेरी एक आरज़ू क़यामत तक पूरी नहीं होगी
मैं तुझ से सैंकड़ों कामनाएँ पूरी होने की उम्मीद कैसे करूँ

ऐ गुल-बदन, सैर के लिए चमन में जाना बेकार है
तेरे हसीन चेहरे में सैंकड़ों तमाशे मौजूद हैं

मेरा दिल कभी मुझे उसके कूचे की तो कभी उसकी ख़ुश्बू की तरफ़
लिए फिरता है वो मेरे पहलू में नहीं है और मुझ पर दीवानगी तारी है

ऐ दोस्त अगर तुझे तैराकी का शौक़ है तो मेरे पास आ
'तुराब' के आँसुओं की हर बूँद में एक दरिया है

मुनाजात

इल्तिजा[1] किस से करूँ तेरे सिवा
या इलाही[2] कर मिरी हाजत-रवा[3]

1 निवेदन 2 ईश्वर 3 कामना पूरी करने वाला

दर्द मेरा तुझ से कुछ पिन्हाँ[1] नहीं
है तिरा लुत्फ़-ओ-करम[2] उस की दवा

1 गुप्त 2 अनुग्रह और कृपा

फ़ज़्ल[1] से अपने मुझे कर दे ग़नी[2]
तू ग़नी है मैं फ़क़ीर-ए-बे-नवा[3]

1 कृपा 2 संपन्न 3 असहाय फ़क़ीर

मुझ को इस 'आलम[1] से कर दे बे-नियाज़[2]
दूर हो दिल से मिरे हिर्स-ओ-हवा[3]

1 दुनिया 2 जिसको कोई आवश्यक्ता न हो 3 लोभ और लालच

आतिश-ए-दोज़ख़[1] से ऐमन[2] रख मुझे
हो मिरी क़िस्मत में जन्नत की हवा

1 नरक की आग 2 सुरक्षित

हश्र[1] में झट-पट वहाँ पहुँचे 'तुराब'
हो जहाँ क़ाएम[2] मोहम्मद का लवा[3]

1 महा-प्रलय 2 गड़ा 3 झंडा

ख़ुदा[1] से या रसूल-अल्लाह बंदों की सिफ़ारिश[2] कर
कि बरसे सब कहें बारान-ए-रहमत[3] ख़ूब सा झर-झर

1 ईश्वर 2 अनुशंसा करना 3 कृपा की वर्षा

गया सावन चला भादों न बरसा अब तलक पानी
हुई बरसात आख़िर किस तरह 'आलम[2] न हो मुज़्तर[3]

1 संसार 2 व्याकुल

मैं तेरा नाम लेता हूँ दु'आ में अव्वल-ओ-आख़िर
वसीला[1] जिस का ऐसा हो दु'आ रद्द[2] उस की हो क्यूँ कर

1 माध्यम 2 निरस्त

ख़ुदा-ना-ख़्वास्ता[1] गर ख़ुश्क-साली[2] यूँही रहती है
तो हो जाएगी दुनिया कोई दिन में 'अर्सा-ए-महशर[3]

1 ईश्वर न करे 2 सूखा 3 प्रलय का दिन

जो बादल ख़ूब सा गरजे-ओ-पानी ज़ोर से बरसे
वबा[1] बिजली से मारी जाए महँगी पर गिरें पत्थर

1 महामारी

'तुराब' आज़ाद हो ग़म से मिटे ये रंज 'आलम से
घमंड उस का बढ़े मौला तेरी बंदा-नवाज़ी[1] पर

1 अपने सेवकों और भक्तों पर कृपादृष्टि

बसंत

आयो बसंत भईं मतवारी
उमंग चलीं सब बारी कुँवारी

कोई अबीर लिये भर झोरी
कोई बनाय रहीं पिचकारी

कोई बजावत दफ़ कोई गावत
कोई डगर मा नाचत ठारी

देखो तो कैसी बन बन आईं
सुन्दर नार दई का सँवारी

लाल गुलाल लगाए मुख पर
रंग से भीजी चूनर सारी

अबही सो बृज में धूम मची है
होरी खेलत है श्याम बिहारी

आप बचो रहे सब का रंग दे
कहै 'तुराब' इस चतुर खिलारी

आओ री सखियो सब मिल-जुल के
नये नये रंग सों बसन रंगावन

नई है बहार नई रुत लागी
नई नई छवि सो पिया को रिझावन

अब के बसंत पिया अगमै सु
आये हैं फाग सुहाग रचावन

भई है 'तुराब' पिया की किरपा
कैसे न होरी की धूम मचावन

आयो बसंत नई रुत लागी
लाए हैं श्याम गुहार नई

रंग नया और नई पिचकारी
नीकी लगत है फुहार नई

नई-नई छब सो रिझावन लागी
बन-ठन के सब नार नई

पीत की रीत नई है या में
जीत नई है हार नई

जा सो 'तुराब' के नैनाँ लागे
वा की नित है बहार नई

होली

हमरी सभा में वह आवत नाहीं
बैठ रहा सौतन के जथा में

प्रेम का अक्षर एकौ न जाना
जनम गयो सब गीत कथा में

ज्ञान ध्यान साहब का भूला
बेध रहो मन मात पिता में

सुन के 'तुराब' की बात कहत है
आग लगे कहूँ याकी बिथा में

यह वृजबाला नन्द का लाला
फाग मा मोसे रार करत है

छेड़ के भागत फगवा माँगत
नाहक मोरे पीछे फिरत है

ना कोऊ रोकत ना कोऊ टोकत
सगरी नगरी वा सो डरत है

है मधु-माता रसिया छैला
मुख मींचत है पाँव धरत है

ताली बजावत धूम मचावत
गाली सुनावत लाज हरत है

वृज में होरी की धूम मची है
रंग बहत है अ'बीर उड़त है

भाग के जाऊँ 'तुराब' कहाँ अब
हरि तो हर कहीं दीख पड़त है

कौन करे अब तीरथ बान
हों तो बिरह सों भई हूँ दिवानी

मन चंगा तो कठौती मा गंगा
है यह कहावत जग मा बखानी

आग लगीं बिछड़न की तन मा
गई गंगा तिहूँ नाहीं बुझानी

पियु निरमोही की बात कहूँ का
नेह लगाय बहुत पछितानी

वा तो रहत है 'तुराब' के संग मा
जा के लिये हौं मनतैं मानी

अब की होरी का रंग न पूछो
धूम मची है बिंदराबन मा

श्याम-बिहारी चतुर खिलारी
खेल रहा होरी सखियन मा

हाथ लिये पिचकारी फिरत है
अबीर गुलाल भरे दामन मा

कैसे सखी कोऊ निकसे मंदिर सों
ठाड़ो है डीठ लंगर आँगन मा

मो का कहाँ वह ढूँढे पावै
मैं तो छुपी हूँ 'तुराब' के मन मा

औ नंदलाल कुँवर बृजराव
होरी मा ऐसी न धूम मचाव

अपनी सखी को चाह सो कह ले
और को ऐसी न गारी सुनाव

बोर न रँग मा हर काहू को
देख समझ के 'अबीर लगाव

अंग निहारत ताक के मारत
यह तो बुरा है तोर सुभाव

तैं वृजराज तेरे सब परजा
काहू जतन ना तोह से बचाव

तोह का दई ने बनायो ठाकुर
ठाकुर होय के न कर अन्याव

जैसे 'तुराब' सो पीत रखत है
वैसे ही हम हूँ सो राख बनाव

सपने में आँख पिया संग लागी
चौंक पड़ी फिर सोई न जागी

पिउ छुट कोउ नहीं है अपना
यह सपना कही केह के आगी

फाग मा सोई पिया मिल सबही
जागूँ अकेली मुही तो अभागी

रंग-रंग की वे सारी पहिरैं
जो हैं अपने पिया रंग पागी

हौं तो रहत बैराग में निस-दिन
जब से 'तुराब' भये बैरागी

बिरह की मारी मैं तो मरी
ऐ दई नाहक पीत करी

नेह का दुख हिया छिन-छिन बाढ़त
सुख नहीं पावत एको घड़ी

सोय बनत ना रोये कटत ना
मो पर बिपत यह कैसी पड़ी

खोले लटैं वह का भयो सम्मुख
पड़ गई मोरे गर फंसरी

कौन जतन जंजाल सो निकसूं
बाल-बाल हूँ बेधी सगरी

जो ये फंद से मो-का छुड़ावै
वाके चरण पर सीस धरी

काजिम चाहैं तो पीत निबाहैं
तोह से 'तुराब' का न कुछ संपरी

छबि प्यारी को देख सकत है
नाम सुनत ही भयी मतवारी

जी से बुलाऊँ मिले तो लजाऊँ
कैसे कहाऊँ मैं पी की प्यारी

देखे जरत हूँ न देखे मरत हूँ
पीत की रीत है नोखी हमारी

नेह की बात छिपाय बनत है
का सो कहूँ मैं लाज की मारी

तन मन जारो 'तुराब' पिया ने
काजिम शाह दुहाई तुम्हारी

फाग रचय्यहौं अकेली पिया संग
झुरमुट सो मोरी जाय बलाय

बसन रँगैहौं वाही के रंग सो
और रंग सब देहों बहाय

धूल ले ऐहौं पिया के चरण की
'अबीर गुलाल का देहौं उड़ाय

सब जग फूँक के होरी खेलिहौं
लेहौं 'तुराब' का गरवा लगाय

जाको नहीं कोई देख सकत है
वह तो रहो मोरे घट मा समाय

पिउ से तो नित संजोग रहत है
जोग करे अब हमरी बलाय

ठौर ठौर 'तुराब' पिया है
जग मा नहीं कोऊ वा के सिवाय

❁

फागुन मा पिया मोसे रिसाय
कैसे करूँ मैं सुहाग रे

औरन के नित पास रहत है
हम ही सो भागा भाग रे

श्याम की लाग लगी कुबजा सो
पड़ गई मोसे लाग रे

जोगिन हुइके न बैठूँ कैसे
मो-का तो है बैराग रे

आप तो सोय 'तुराब' सो मिल के
मोसे कहत है जाग रे

कारे कनहैया मैं गारी देत हूँ
काहे खड़ा मोरे तीर

अपनी तो पाग बचाय रखत है
मोरा भिजावत चीर

अपना तो मुख मोसे ओट मा राखत है
मुख मोरे मलत है 'अबीर

देख 'तुराब' केहु की न मानत
ऐसो है श्याम शरीर

जासो चहैं पिया खेलैं होरी
मोसे नहीं कुछ काम री गुइयाँ

बसन लीने रंगाय के नाहक
हौं तो भई बदनाम री गुइयाँ

फाग मा भाग खुले सौतन के
रीझे हैं उन पर श्याम री गुइयाँ

उन के परखै को दोष न दीजै
खोंटे हैं अपने दाम री गुइयाँ

ज्ञान यही मैं 'तुराब' से पायो
हर मा रमो है राम री गुइयाँ

खेल ले कुबजा संग होरी
पूरी भई मन इच्छा तोरी

श्याम के नयन लगे हैं तोह सो
सम्मुख आव न कर चित चोरी

बहियाँ पकड़ झट छीन ले कामर
बोर दे रग मा पाग पिछौरी

कस मोहन का बस में किये तैं
हाथ मलत है राधा गोरी

मान 'तुराब' का कहना ईता
मान न कर वृषभानु किशोरी

❁

फाग सुहाग मोरे घर नित है
भीजी हूँ मैं तो पिया के रंग मा

मो का न कोऊ पिचकारी मारे
लाल बसन है मोरे अंग मा

झुरमुट तनिको नहीं मोहे भावत
जब से पड़ी हूँ 'तुराब' के संग मा

को खेले वा सो होरी रे लोगो
घूँघट खोल 'अबीर मलत है
मुख मीचत बरजोरी रे लोगो
कान्ह कुँवर अस ढीठ लंगर है
राम रखे पति मोरी रे लोगो
बरजत नाहीं कबहूँ वाको
श्री वृषभानु किशोरी रे लोगो
मोरी तो आँख 'तुराब' सो लागी
कैसे करूँ चित चोरी रे लोगो

कैसे न मोरा जिव घबराय
पिउ तो गये हो बिदेस रिसाय

रो-रो मोको कटत है निसि-दिन
कोई नहीं लावत पियु को मनाय

तुम तो रहत हो पिया मिल सुख मा
जाने 'तुराब' तुम्हारी बलाय

गीत

नीकी लगत मोहे अपने पिया की
आँख रसीली लाज भरी
जादू कियो मो पर चितवन सों
चैन गई मोरी नींद हरी
आँख लगत नहीं टुक देखे बिन
देखे नजर भर जात मरी
मो-का न कछु समझाओ री गुइयाँ
मैं अस प्यार सो दर-गुजरी
काहे 'तुराब' डरूँ काहू से
पीत करी का चोरी करी

आओ पियरवा हमरे मंदिरवा
बहुत करो ना हम-का तंग
पीत लगाय बदनाम भये हैं
हम तुम दोनों एके रंग
दूर रहत हो काहे हम से
मैं तो मरत हूँ याही ग़म से
तुम जुग जियो 'तुराब' के दम से
सुख मा रहो नित वा के संग

सुपने माँ आँख पिया संग लागी चौंकि पड़ी फिर सोइ न जागी
पिउ छुट और कोई नहीं अपनी यही सपना कहूँ काके आगी
फाग में सोए पिया मिल सब री जागूँ अकेले मैं ही तो अभागी
रंग-रंग की वो सारी जू पहिरे अपने हैं पिया रंग पागी
हौ तो रहत बैराग मैं निसि दिन जब ते 'तुराब' भए बै-रागी

रसीले पिउ संग रहस रहस के भले जतन सों मैं रात जागी
जो भोर होते पिया सिधारो भया करेजवा हमारो दाग़ी
'तुराब' हमरी बिथा न पूछो नहीं है मोसो कोई अभागी
मैं आज कैसे न होउ बेकल मोहें तो चेटक पिया सों लागी

हाँ हाँ मोको न छेड़ कन्हैया हौ तो दिनन की थोरी
ब्रज में का इक हमहीं बसत हैं और बहुत हैं साँवर गोरी
निकसी हूँ मैं आज मंदिर सों अपनी सास ननद की चोरी
फेंक न लाल गुलाल बसन पर ऊजर है अब चूनर मोरी
रँग सों जुगोर न मोरी चुनरिया खेलूँ 'तुराब' वही संग होरी

मो-का दिखाय दे सैयाँ का नगरा
काहे को भूली भटकती फिरूँ मैं
सीधा उधर का बताय दे डगरा
हाँ हाँ 'तुराब' मैं चेरी हूँ तेरी
वारूंगी तोह पर तन-मन सगरा

कैसे मैं लागूं पिया के गरवा
चुभ-चुभ जात गरे का हरवा
केह बिन्तिन सो केह मिन्तिन सो
आये जो मोरे मंदिरवा पियरवा
बैरी ननदिया रही निस झाँकत
सोवै न पाऊँ मैं एको पहरवा
चैन से सोवै 'तुराब' पिया संग
मूँद के अपने दसौ दुअरवा
वाके तो मन को नहीं गम तनिकौ
सुखी रहे अस मोर जियरवा

❋

सोही चुनरिया रंग दे मो-का
ओ रंगरेज रंगीले यार
सोही पगड़िया लाल पिया की
सोही रंगत पर मैं बलिहार
सब रंग फीके 'तुराब' के आगे
जोगिया-रंग की औरे बहार

❁

कान्ह कुँवर के कारन राधा
तन से भई पियरी दुबरी
जब से सिधारे श्याम द्वारका
सूनी भई सब गोकुल नगरी
रानी पुरानी भई बैरागिन
राज करे नई नोखी कुबरी
जर जर के मर मर के सखियाँ
कूकत है दई काह करी
किन्ह बिल्हमायो 'तुराब' पिया को
भूल गये जो सुध हमरी

का सो कहूँ दुख अपना दई
प्रीत नई की रीति नई
एक नजर दिखलाए मोहे मारा
काहू जतन फिर सुध न लई
ऐसे निठुर से काम पड़ो है
आँख लगाय मैं जी सो गई
पीत लगाय के वासो जग मा
नाहक मैं बदनाम भई
दरद नहीं काहू की जिन का
दै गये मो-का पीर वई
पीर पराई जो जानत नाहीं
क्यूँ दई उनकी पीर दई
वो निरमोही कहा नहीं मानत
मोह माया का को सिखई
हाँ हाँ 'तुराब' पड़ूँ तोरे पय्याँ
काजिम सो कर मोर सई

बहुत सही तोरी अब न सहूँगी
एक कहोगे तो लाख कहूँगी
चैन करो तुम औरन के संग
मैं नहीं तुम्हरे संग रहूँगी
देखी पीत तुम्हारी झूठी
अब न काहू को जी सो चहूँगी
काहे तू मोसे आँख चुरावत
सन्मुख तोरे मैं आपै न हूँगी
जारो न फूँको जियरवा मोरा
रो रो मैं गंगा पार बहूँगी
जाओ बिदेस संताप के हमका
अब तो कबहूँ पाती लिखूँगी
हौं कर जोड़े 'तुराब' के आगे
गुरु की दया बिन कब निबहूँगी

अब ही बरस ना मेघवा रह जा
आवन दे मोरे घर मा पी को
जब ही पियरवा ऐहैं मंदिरवा
चैन मिलेगी तब ही जी को
बरसन मा जो दरसन पावै
वर्षा सुहावै 'तुराब' वही को

❁

चढ़ के अटा पर देख सखी री
आवत है कोई कागा बोला
सैया बिदेस कहाँ का सावन
निस दिन जी को रहत है मलोला
डोर लगी है 'तुराब' सो मोरी
कैसे अकेली मैं झूलूँ हिण्डोला

❁

सोही चूनरिया रंग दे मो-का
ओ रंगरेज रंगीले यार
सोही पगड़िया लाल पिया की
सोही रंगत पर मैं बलिहार
सब रंग फीके 'तुराब' के आगे
जोगिया रंग की औरे बहार

❄

कैसे मैं लागूँ पिया के गरवा
चुभ चुभ जात गरे का हरवा
केह बिन्तिन सो केह मिन्तिन सो
आये जो मोरे मंदिरवा पियरवा
बैरी ननदिया रही निस झाँकत
सोवै न पायूँ मैं एको पहरवा
चैन से सोवै 'तुराब' पिया संग
मूँद के अपने दसौ द्धरवा
वाके तो मन को नहीं गम तनिकौ
सुखी रहे अस मोर जियरवा

❄

मोरी बिथा सुन कान्ह कहत हैं
मैं तोरी बात पर कान न देहौं
आन बान हमरी है याही
छक के दरस कबहूँ आन न देहौं
जान के मोसे वह जान कहत है
कैसे कहूँ फिर जान न देहौं
वारूँगी जान 'तुराब' पिया पर
जान देहौं पर जान न देहौं

❁

ऐ तेरी निन्दिया में लागे आग
भोर भयो है अब तो जाग
आधी रात बीते घर आए
तबहू न जागे मोरे भाग
सोय उठी तो चले गये बाहर
दै गये मोरे करेजवा दाग
सोवत जागत पी गरे लागत
सोवत को अस दीन्ह सुहाग
मोसे 'तुराब' पिया निरमोही
काहे रखत है जी में लाग

❁

कैसे पड़े कल जी को हमारे
मिल के बिछुड़ गये पीतम प्यारे
मग हेरत दिन बीतत सगरौ
रैन कटत है गिन-गिन तारे
याही अंदेस मा सुध बुध भूली
सुध ना लीन्ही जब से सिधारे
थाक गयी कह कह के संदेसा
लिख लिख पतियाँ हम तो हारे
जो लै आवै 'तुराब' पिया को
बिरहिन वा पर तन मन वारे

कह न गये कछु मोसे सैयाँ
आये अबेर सिधारे सबेरे
रह गई मन की मन मा गुइयाँ
है तोरे हाथ दरस काजिम का
लागूं 'तुराब' तोरे पइयाँ

❁

सावन मा चहुं ओर की धरती
देख पड़त है हरी-हरी
कैसे 'तुराब' मंदिर सो निकसी
बूँद पड़त है बड़ी-बड़ी

❁

हित सो मो-का बुलावत सैंया
औगुन सो अब काहे लजाऊँ
पियु चाहे तो मिटा दे औगुन
पी की दया पर मैं बलि जाऊँ
वो ही बनी प्यारी है जग मा
ले जो 'तुराब' पिया का नाऊँ

❁

सुख जो बरसात का क़िस्मत में न था मोरे बदा
भरी वर्षा में वह परदेसी भयो मोसे विदा
जग में ऐसा न केहू और पे दुख डाले खुदा
सहूँ मैं कैसे 'तुराब' उसकी जुदाई की अदा
अब्र मी बारद-ओ-मन मी शबम अज़ यार जुदा
मन जुदा गिर्या-कुनाँ अब्र जुदा यार जुदा

❁

भले जो गई मोरी गहले बहियाँ

सुध बुध हमरी बदल गई सगरी
देखत ही वाकी परछैयाँ

का हम ही वाके हाथ बिकानी
चेरी भई हमरी सब गुइयाँ

रहत-सहत वह काहू के घर ना
जब सो बसो मोरे हिये के ठैयाँ

पीत करत है 'तुराब' वही संग
किरपा जा पर करत है गुसैयाँ

❁

कभी न हमरी ओर भये

काल्ह इधर थे आज उधर हैं
पूरे न एकौ ठौर भये

छुप के 'तुराब' सों पीत लगाई
पीतम हम से चौर भये

❁

कौन कहै रसिया सो जाय

कल नहीं मन को बल नहीं तन को
जब सो गये तुम आँख लगाय

कैसे 'तुराब' पिया को भूलूँ
वह तो गयो मोरे हिया मा समाय

❁

रिम-झिम बरसन लागो मेहरवा
दादुर शोर मचावन लागे
का सो कहत है पथिक ये संदेसा
पिउ ऐहैं सावन लागे
हमरे तो पिउ नित घर ही रहत हैं
जब से 'तुराब' के दावन लागे

❁

घाव लगावत हिया मा कारी
यह दई मारी बदरिया कारी
दई बरसत बालम नहीं घर मा
तरसत है बिरहिन दुखियारी
बूँद पड़त हिया आग लगत है
रो रो अँसुवन भीजत सारी
बरसन मा कोऊ दरसन पावै
हौं तो न पायों एकौ बारी
दर्द 'तुराब' की का जाने वह
देखै जो नारी वैद अनारी

बाँह गहे की लाज वही को
लागूँ मैं अपने गुरु के पैयाँ
जब से दया की मो पे गुरु ने
तब से भयो मोरे बस मा सैयाँ
मोरे तो घट मा 'तुराब' समानो
जानत हैं सब लोग गुसैंयाँ

नैनाँ तो लागे हमारे विजोग

हूक उठत है प्राण छुटत है
जब सुध आवत है वह संजोग

मैं दुख मारी खड़ी रोवत हूँ
नाहक हँसत हैं मोका लोग

हौं तो मरत हूँ दरस की भूकी
मो-का दिखाओ न मोहन-भोग

औषधि एकौ 'तुराब' चलत नाँ
पियु का विरोग अस जिव का है रोग

❁

कछु मो ही सो लजात ननद तोरा बिरना

सौतन के संग खेल गंवावत
अच्छी तरह दिन रात ननद तोरा बिरना

सोई 'तुराब' सो हँस हँस बोलत
मो से नहीं मुस्कात ननद तोरा बिरना

❁

जा रे पथिकवा ले आओ खबरिया
बिलम्ब रहे पिया कौनी नगरिया
उत मेघौ नहीं जात चितावन
छाय रही याही देस बदरिया
आवत आवत बरसन लागे
का यह देस की भूले डगरिया
पपिहा कबहूँ पियु-पियु करत है
मैं तो रटत हूँ आठो पहरिया
मग हेरत मोहे कल नहीं निस दिन
छिन आँगन छिन जाऊँ अटरिया
आप न आये न पतिया भेजी
बीती है बरखा यूँ ही सगरिया
को समझावे 'तुराब' पिया को
कोऊ तो नाहीं वा को दुसरिया

❁

कान्ह सों रो-रो कहत है राधा
कान्ह की पीर सही नहीं जात
नेह का घाव लगो हृदय मा
जान की पीर सही नहीं जात
मैं तो मरत हूँ 'तुराब' के दर्दन
आन की पीर सही नहीं जात

❁

पिया आओ बसाओ नगरिया हमरी

मोरा मंदिरवा राखो जनि सूना
देखो आन अटरिया हमरी

भूल गई कस सुरत इधर की
काहे न लेत खबरिया हमरी

बाट चलन भयो दूभर हम का
छेंके हैं बैरी डगरिया हमरी

तुम छुट काजिम का को पुकारूँ
कौन सुने यह गुहरिया हमरी

दुख की फुहार पड़त है देखो
भीजै न पावै चुनरिया हमरी

या ही अरज है 'तुराब' की हजरत
पार लगा दो निवड़िया हमरी

❀

बरसत मा कोऊ घर से है निकसत
नोखे हो तुम ही बिदेस चलैया
पाँव धरन का ठौर नहीं है
भर गयो जल सो ताल तलैया
ऐसे समौ मैं जाने न देहौं
लेहौं 'तुराब' मैं तोरी बलैंया

❀

कूक न री कोइलिया बैरिन
विरह अगिन सो जरी-जरी
सुध आवत है 'तुराब' पिया की
ऋतु बरखा में घरी-घरी

❁

मोरे नयन लागैं गुइयाँ
केहू और संग काहे
जो 'तुराब' का सजन है
मोरा जी वही को चाहे
हमा शहर पुर ज़े ख़ूबाँ
मन मो खयाल माहे
चे कुनम कि चश्म बद-बीं
न कुनद ब-कस निगाहे

❁

कि जंजाल मो पड़ गयूँ दैया
मन उलझा काली जुलफन मा
को सुलझावै कौन छुटावै
बार-बार बेंधो अलकन मा
चक फेरत हिया बान लगावत
आग लगे वाकी चितवन मा
मोहनी मूरत सोहनी सूरत
लाज भरी प्यारी अँखियन मा
देखे 'तुराब' वही का झमका
छबि प्यारी सुन्दर मोहन मा

❀

कस बाँकी चितवन सो जुल्मी
मार गया रे मार गया
हाथ मलत हूँ आह करत हूँ
मो पर पड़ा है दुख यह नया
काम न डाले दई अस पिउ से
जा में न हो कछु मोह मया
था संयोग भला काहू दिन
भूलत नहीं वह समया
आस लगी है मिलब की सजनी
कबहूँ तो करिहै 'तुराब' दया

❀

लगतै ही सावन मास सखी री
आये पिया मोरे पास सखी री
कैसे मैं वा संग झूला झूलूँ
नाव धरत है सास सखी री
क्या क्या औरौ प्यार करत है
जब मैं होत उदास सखी री
'इत्र लगो नहीं मोरे बसन मा
फैली है पियु की वास सखी री
वा तो लगो है 'तुराब' के गरवा
जा सो लगी तोरी आस सखी री

❁

सैयाँ संग कस मोरा लागो नैनवा
आँख लगत नहीं नींद पड़त नहीं
जाग कटत है सगरी रैनवा
जब से 'तुराब' पिया का देख्यों
तनिको नहीं मोर मन का चैनवा

❁

मान न कहिहौं कहिये जो चहिये
कस तोरी बिनती मान न लैहौं
दर्शन देहौं जब लग तोरे
जी सो निकास अरमान न लैहौं
मन लै जैहौं संग जो देहौं
और मैं कछु सामान न लैहौं
जाने दे मो-का 'तुराब' सबर कर
जान लैहौं ईमान न लैहौं

❁

हो निरमोही काँ बिल्माय
लागो असाढ़ तुम अजहूं न आय
पिव बिन रोय कटत है निसदिन
ऋतु वर्षा मोहे कछु न सुहाय
कोलै आवै 'तुराब' पिया को
वै तो पड़े हैं बस मा पराय

❁

न सुध ली जब से पीव सिधारा
कटा के दुख सो सावन मास सारा
इस ग़म से रोता हूँ मैं दिन रात
सन्देस उस से कहे कोई हमारा

❁

फेर सखी ऋतु वर्षा आई
लागो पपीहा पियु कीरट मा
शोर करत है कोइलिया कारी
पियु तो बसी है 'तुराब' के घट मा

❁

कोई हँसत कोऊ मुँह देख मोर रोवत है
नई पीत सो प्यारे यह गति हमारी भई
बहुत बुरी होत है हिय की कसक
मोरे करेजे मा छिन-छिन उठत है पीर वई
दुरुन-ए-सीना-ए- मन जख्म-ए- बे-निशाँ ज़दः ई
ब-हैरतम कि अ'जब तीर-ए-बे-कमाँ ज़दः ई

❁

बाबुल

अब तो चली मैं देस बिदेस
बाबुल तोरी नगरी छूटी
जीवन भर कठिन है आवन
आस मिलन की टूटी
ससुरे जात हूँ संग पिया के
मात-पिता से टूटी
सैयाँ हँसत मैं अस रोवत हूँ
जस कोरी मारी लूटी
साँचा मीत कोई ना जग माँ
पीत जगत की झूठी
सुसरे की लीक 'तुराब' से पूछो
नैहर सो जो फूटी

सैयाँ बुलावत जैहौं ससुरे
जल्दी सो हमरा डोलिया कस रे
नैहर के सब लोग छुटत हैं
काह करूँ अब नहीं कछु बस रे
बीरन आओ गरे तोरे लागूं
फेर मिलब हो न जानूँ कस रे
चालनहार भइ मैं अचानक
रहे बाबुल तोरी नगरी सो बस रे
सात सहेली ता-पर अकेली
संग नहीं कोई एक न दस रे
गौना चला 'तुराब' लगो है
जो कोई रोये वा को न हँस रे
यह जग है सब नैहर का घर
तन से जो रहो तो मन से निकस रे

राग आधारित पद

राग शाहाना

देओ बनी को मुबारक बादी
नीको सुलौना पाया बनरा
चाल शहानी सुहानी चलत है
बनरी का मन भाया बनरा
आँख उठाय के देखत नाहीं
लाज भरा शरमाया बनरा
क्यूँ न कहें सुसरार के सारे
है शर्मीला लजाया बनरा
सरहज सारी की खाय के गारी
रस भरे रस सो रसाया बनरा
कछू तो बनी ने किया है टोना
बिन दिखे जो लुभाया बनरा
देख 'तुराब' दुआ' से तेरी
कैसा भला बन आया बनरा

❀

राग मेहंदी

लाल बने की ले आओ मेहंदी

पोरपोर बना रंग बहिना
तापर और रचाओ मेहंदी

उँगली पकड़ कहीं पहुँचा न पकड़यो
दूर से सारी लगाओ मेहंदी

बनरे रंगीले छबीले के आगे
नीके 'तुराब' की गाओ मेहंदी

केहरा

रसीले पिउ सो रहस-रहस के
भली जतन सो मैं रात जागी
जो भोर होतै पिया सिधारे
भयो करेजवा हमार दाग़ी
'तुराब' मोरी बिथा न पूछो
नहीं मो सा कोई अभागी
मैं आज कैसे रहूँ न बे-कल
मोहे तो चेटक पिया सो लागी

अश'आर

शहर में अपने ये लैला ने मुनादी कर दी
कोई पत्थर से न मारे मिरे दीवाने को

❁

उड़ के आया है लगन में तिरे जल जाने को
शौक़ से फूँक दे ऐ शम्अ तू परवाने को

❁